適用判定がすぐわかる！
小規模宅地特例
精選30実例から学ぶ生前対策

河合 厚（税理士・税理士法人チェスター）
香取 稔（税理士）
著

ぎょうせい

はじめに

相続税申告時、自宅敷地や貸付事業用宅地などの評価額が最大８割減になる小規模宅地等の特例は、抜群の節税額でもって適用割合が高い制度である。

しかし、度重なる税制改正により、特例を適用できるか否かの要件が複雑となり､慎重な検討･判断が求められる制度となった。

一般的には「生計が一」と「同居」とは同じように解釈してもよさそうなものの、小規模宅地等の特例制度では明確に使い分けられている。例えば、被相続人の配偶者が相続した場合を除き、被相続人の居住の用に供されていた宅地等については、被相続人と「同居」する親族などが相続した場合に適用対象となり、被相続人と「生計が一」の親族の居住の用に供されていた宅地等については、その「生計が一」の親族が相続した場合に適用対象となる。

本書は、制度を概説した上で、年間2,000件を超える相続税の相談を取り扱う税理士法人において、所属税理士から寄せられた質問や、間違えそうな実例を精選したものである。

よって、参考書として、また、納税者や税理士が直面しそうな事例集となり、多くの方々のお役に立てるのではないかと思っている。

また、本書は、国税庁や国税不服審判所において、始終議論を交わしあった者による共同執筆本である。

それぞれの思いがあり、結果として割愛した事例もあるが、より内容が深まった事例もある。

文中の解説については、できるだけ、根拠条文や判例、裁判例、裁決例を用いて、その根拠を示した。なお、文中、意見にわたる部分は筆者の個人的見解であることはご了承願いたい。

この本が税務の先生方の参考になり、また、研修会のテキストとして広範囲に活用されることを願う。

令和３年６月

河合　　厚
香取　　稔

目　次

第１章
小規模宅地特例の全体像／ *1*

第2章
精選実例による小規模宅地特例の適用判定と生前対策／ *31*

凡　例

1　本文中のかっこ内等の法令等の引用は次の例によった。

租税特別措置法　→　措法
租税特別措置法施行令　→　措令
租税特別措置法施行規則　→　措規
租税特別措置法通達　→　措通
相続税法　→　相法
相続税法基本通達　→　相基通
財産評価基本通達　→　評基通

2　また、かっこ内の引用条項等は次の例によった。

例　租税特別措置法第69条の4第3項第2号
　　→　措法69の4③二

第1章

小規模宅地特例の全体像

Q1 小規模宅地等の課税価格の計算の特例制度の概要を説明してください。

ポイント

1. 小規模宅地等の課税価格の計算の特例（「小規模宅地等の特例」又は「特例」といいます。）の適用を受けられる者は、相続又は遺贈（死因贈与を除きます。）により財産を取得した被相続人の親族（被相続人の６親等以内の血族及び３親等以内の姻族をいいます。）である

2. 特例の対象となる財産は、原則として相続開始の直前において被相続人又は被相続人と生計を一にしていた被相続人の親族（「被相続人等」といいます。）の事業の用又は居住の用に供されていた宅地等（土地又は土地の上に存する権利をいいますが、棚卸資産及び準棚卸資産に該当するものは除かれます。）で、建物等（建物又は構築物をいいます。）の敷地の用に供されているもの（農地及び採草放牧地を除きます。）

3. この特例は、原則として相続税の申告期限までに遺産分割されていない宅地等については適用されない

解　説

1　制度の概要

この特例は、個人が相続又は遺贈により取得した財産のうちに、相続開始の直前において被相続人等の事業（事業と称するには至らない不動産の貸付けその他これに類する行為で相当の対価を得て継続的に行うもの（「準事業」といいます。）が含まれます。）の用（郵便窓口業務を行う郵便局の敷地の用を含みます。）又は居住の用（要介護認定等を受けていた被相続人が老人ホーム等に入居したことにより相続開始の直前において当該被相続人の居住の用に供されていなかった場合におけるその

居住の用に供されなくなる直前の当該被相続人の居住の用を含みます（☞Ｑ５参照）。）に供されていた宅地等（☞Ｑ３・４参照）で、建物等の敷地の用に供されているもの（「特例対象宅地等」といいます。）がある場合には、その特例対象宅地等のうち、その個人が取得した特例対象宅地等又はその一部で、この特例の適用を受けるものとして選択したもの（「選択特例対象宅地等」といいます。）について、次の小規模宅地等の区分に掲げる限度面積要件を満たす場合の選択特例対象宅地等（「小規模宅地等」といいます。）に限り、相続税の課税価格に算入する価額は、次の小規模宅地等の区分に応じ、⑴と⑵の小規模宅地等についてはその価額（自用地、貸宅地、貸家建付地等として評価した価額）の20％相当額、⑶の小規模宅地等についてはその価額の50％相当額とされる制度です（措法69の4①②、郵政民営化法180①）。

⑴　特定居住用宅地等（☞Ｑ６参照）である小規模宅地等

選択特例対象宅地等の面積の合計が330㎡以下であること

⑵　特定事業用宅地等（☞Ｑ７参照）又は特定同族会社事業用宅地等（☞Ｑ８参照）である小規模宅地等

選択特例対象宅地等の面積の合計が400㎡以下であること

⑶　貸付事業用宅地等（☞Ｑ９参照）である小規模宅地等

①　選択特例対象宅地等が貸付事業用宅地等のみである場合には、その面積の合計が200㎡以下であること

②　選択特例対象宅地等として貸付事業用宅地等の他に上記⑴又は⑵の宅地等がある場合には、次の計算式で算定した面積の合計が200㎡以下であること

$$A \times \frac{200}{400} + B \times \frac{200}{330} + C$$

（注）Aは、特定事業用宅地等又は特定同族会社事業用宅地等の面積の合計
Bは、特定居住用宅地等の面積の合計
Cは、貸付事業用宅地等の面積の合計

なお、被相続人の配偶者が被相続人の所有する建物に民法1028条《配偶者居住権》１項に規定する配偶者居住権を取得した場合には、同時に、その建物を利用するのに必要な範囲において、その建物の敷地について

利用する権利も取得しますが、この権利についてもこの特例の適用があります（措令40の2⑥）。

2　特例の不適用財産等

⑴　この特例は、相続開始前３年以内に贈与があった場合に相続税の課税価格に加算される財産（相法19）、相続時精算課税制度の適用を受ける贈与財産（相法21の15、21の16）、個人の事業用資産について贈与税の納税猶予制度の適用を受ける贈与財産（措法70の6の8①）及び個人の事業用資産について相続税の納税猶予制度の適用を受ける相続財産（措法70の6の10①）については適用されません（措法69の4⑥、措通69の4－1）。

⑵　被相続人から相続若しくは遺贈又は相続時精算課税に係る贈与により財産を取得したいずれかの者が、当該被相続人である平成21年改正法附則64条7項に規定する特定同族株式等贈与者から平成20年12月31日以前に相続時精算課税に係る贈与により取得した同条6項に規定する特定同族株式等について平成21年改正前措置法70条の3の3第1項又は平成21年改正前措置法70条の3の4第1項の規定の適用を受けている場合には、当該被相続人から相続若しくは遺贈又は相続時精算課税に係る贈与により財産を取得したすべての者についてこの特例は適用されません（措通69の4－39）。

3　分割要件

相続により取得した特例対象宅地等についてこの特例の適用を受けるためには、原則として相続税の申告期限までに相続人等によって遺産分割しなければなりませんが、次のいずれかに該当する場合には、その分割された日の翌日から4か月以内に更正の請求をすることによりこの特例の適用が受けられます（措法69の4④⑤）。

⑴　申告期限から３年以内に分割された場合

⑵　申告期限から３年以内に分割されないことについて、やむを得ない事情があり、税務署長の承認を受けた場合で、分割できることとなっ

た日として定められた日の翌日から４か月以内に分割されたとき

４　申告手続

この特例の適用を受けるためには、相続税の申告書（期限後申告書及び修正申告書を含みます。）にその適用を受ける旨を記載及び計算に関する明細書その他所定の書類を添付する必要があります（措法69の4⑦、措規23の2⑧）。

また、特例対象宅地等を相続又は遺贈により取得した個人が２人以上いる場合には、この特例の適用を受けるものとする特例対象宅地等の選択について、その取得した個人全員の同意が必要とされています。さらに、特例対象宅地等を取得した者のほかに相続又は遺贈により特定計画山林（措法69の5①）を取得した個人がいる場合などには、その取得した個人全員の同意も必要となります（措法69の4①、措令40の2⑤）。

Q2 小規模宅地等の特例の適用が受けられる「被相続人と生計を一にしていた被相続人の親族」とは、どのような者をいうのでしょうか。

ポイント

1. 被相続人と同居していた親族は、明らかにそれぞれが独立した生活を営んでいると認められる場合を除き、通常は、「被相続人と生計を一にしていた」と認められる

2. 被相続人と同居していなかった親族が、「被相続人と生計を一にしていた」と認められるためには、その親族が被相続人と日常生活の資を共通にしていたと認められることを要し、そのように認められるためには、少なくとも、居住費、食費、光熱費その他日常の生活に係る費用の主要な部分を共通にしていた関係にあったことを要する

解　説

1 「生計を一にする」ことについての定め

この特例は、個人が相続又は遺贈により取得した財産のうちに、相続開始の直前において被相続人又は被相続人と生計を一にしていた被相続人の親族の事業の用又は居住の用に供されていた宅地等について適用されますが、この「被相続人と生計を一にしていた」とは、どのような者をいうのか相続税法には規定はありません。

ところで、この「生計を一にする」に関し、相続税法以外の税法の各通達では、それぞれ次のように定められていますから、この特例の適用に関しても同一の用語は特別の理由がない限り同一の意味に解するのが相当と考えます。

(1) 国税通則法基本通達46条関係９《生計を一にする》

この条第２項第２号の「生計を一にする」とは、納税者と有無相助けて日常生活の資を共通にしていることをいい、納税者がその親族と

起居をともにしていない場合においても、常に生活費、学資金、療養費等を支出して扶養しているときが含まれる。なお、同一建物等に起居していても、互いに独立し、日常生活の資を共通にしていない親族は、生計を一にするものではない。

⑵　所得税基本通達２－47《生計を一にするの意義》

法に規定する「生計を一にする」とは、必ずしも同一建物等に起居していていることをいうものではないから、次のような場合には、それぞれ次による。

①　勤務、修学、療養等の都合上他の親族と日常の起居を共にしていない親族がいる場合であっても、次に掲げる場合に該当するときは、これらの親族は生計を一にするものとする。

イ　当該他の親族と日常の起居を共にしていない親族が、勤務、修学等の余暇には当該他の親族のもとで起居を共にすることを常例としている場合

ロ　これらの親族間において、常に生活費、学資金、療養費等の送金が行われている場合

②　親族が同一の建物等に起居している場合には、明らかに互いに独立した生活を営んでいると認められる場合を除き、これらの親族は生計を一にするものとする。

⑶　法人税基本通達１－３－４《生計を一にすること》

令第４条第１項第15号（同族関係者の範囲）規定する「生計を一にする」こととは、有無相助けて日常生活の資を共通にしていることをいうのであるから、必ずしも同居していることを必要としない。

２　裁決例

この特例の適用に関して被相続人と生計を一にしていた被相続人の親族の事業の用に供されていた宅地等（特定事業用宅地等）に当たるかどうかが争われた審査請求において、審判所は、「ここにいう『生計を一にしていた』とは、同一の生活単位に属し、相助けて共同の生活を営み、あるいは日常生活の資を共通にしていたことをいい、また、『生計』と

は、暮らしを立てるための手立てであって、通常、日常生活の経済的側面を指すものと解される。これによれば、被相続人と同居していた親族は、明らかにそれぞれが独立した生活を営んでいると認められる場合を除き、通常は、『生計を一にしていた』と認められるものと考えられるが、他方、被相続人と同居していなかった親族が『生計を一にしていた』と認められるためには、当該親族が被相続人と日常生活の資を共通にしていたと認められることを要し、そのように認められるためには、少なくとも、居住費、食費、光熱費その他日常の生活に係る費用の主要な部分を共通にしていた関係にあったことを要するものと解するのが相当である。」旨裁決しています（平成30年8月22日裁決（TAINSコードF0－3－670））。

Q3　小規模宅地等の特例の対象となる被相続人等の事業の用又は居住の用に供されていた宅地等の範囲を説明してください。

ポイント

　この特例の適用の対象となる宅地等は、被相続人等の事業の用又は居住の用に供されていた建物等の敷地の用に供されていた宅地等であり、その宅地等のうちに被相続人等の事業の用又は居住の用に供されていない部分がある場合には、その部分は原則としてこの特例の適用はない（相続開始の直前においてその宅地等の上に存する建物について配偶者居住権が設定されている場合にはＱ４を参照してください。）

解　説

1　特例対象宅地等

　この特例の適用の対象となる宅地等は、個人が相続又は遺贈により取得した宅地等のうち、相続開始の直前において、被相続人等の事業の用又は居住の用に供されていた宅地等で、建物等の敷地の用に供されているもので、特定居住用宅地等（☞Ｑ６参照）、特定事業用宅地等（☞Ｑ７参照）、特定同族会社事業用宅地等（☞Ｑ８参照）又は貸付事業用宅地等（☞Ｑ９参照）に該当する部分をいいます（措法69の４①）。したがって、この特例の対象となる宅地等は、次の４つの組み合わせに限られることになります。

①　被相続人の居住の用に供されていた宅地等

②　被相続人の事業の用に供されていた宅地等

③　被相続人と生計を一にしていた被相続人の親族の居住の用に供されていた宅地等

④　被相続人と生計を一にしていた被相続人の親族の事業の用に供されていた宅地等

　なお、上記各宅地等のうちに被相続人等の事業の用又は居住の用に供されていない部分があるときには、その被相続人等の事業の用又は居住の用（その居住の用に供されていた部分が、被相続人の居住の用に供されていた１棟の建物（区分所有建物である旨の登記がされている建物を除きます。）に係るものである場合には、その１棟の建物の敷地の用に供されていた宅地等のうちその被相続人の親族（被相続人と生計を一にする被相続人の親族であるかどうかは問いません。）の居住の用に供されていた部分を含みます。）に供されていた部分に限られます（措令40の2④）。

２　被相続人等の事業の用に供されていた宅地等の範囲

被相続人等の事業の用に供されていた宅地等（「事業用宅地等」といいます。）については、その宅地等の所有者は被相続人ですが、この特例は建物等の敷地の用に供されているものについて適用されることから、その宅地等の上の建物等の所有者は、被相続人である場合と被相続人以外の者である場合とが考えられます。

この建物等の所有者の区分に基づいて特例の適用関係を整理すると、それぞれ次に掲げる宅地等が事業用宅地等に当たります（措通69の4－4）。

⑴　被相続人の所有する宅地等の上に被相続人以外の者が所有する建物等が存し、その宅地等がその者に対して相当の対価を得て継続的に貸し付けられていた場合のその宅地等

⑵　被相続人の所有する宅地等の上に被相続人が所有する建物等が存する場合において、

①　被相続人が当該建物等を自己の事業の用に供していたときのその宅地等

②　被相続人と生計を一にしていた被相続人の親族が当該建物等を無償(相当の対価に至らない程度の対価の授受がある場合を含みます。以下同じです。）で借り受けて自己の事業の用に供していたときのその宅地等

⑶　被相続人の所有する宅地等（上記⑴に掲げる宅地等を除きます。）

の上に存する建物等の所有者が被相続人と生計を一にしていた被相続人の親族であり、かつ、当該親族が当該建物等を無償で借り受けている場合において、

①　当該親族が当該建物等を自己の事業の用に供していたときのその宅地等

②　当該親族から被相続人又は被相続人と生計を一にしていた被相続人の親族（建物等の所有者である親族を除きます。）が、当該建物等を無償で借り受けて自己の事業の用に供していたときのその宅地等

⑷　被相続人の所有する宅地等（上記⑴に掲げる宅地等を除きます。）の上に存する建物等の所有者が被相続人と生計を別にする親族であり、かつ、その建物等を被相続人又は被相続人と生計を一にしていた被相続人の親族が無償で借り受けて自己の事業の用に供していたときのその宅地等

３　被相続人等の居住の用に供されていた宅地等の範囲

被相続人等の居住の用に供されていた宅地等（「居住用宅地等」といいます。）については、その宅地等の所有者は被相続人ですが、この特例は建物等の敷地の用に供されているものについて適用されることから、その宅地等の上の家屋の所有者は、被相続人である場合と被相続人以外の者である場合とが考えられます。

この家屋の所有者の区分に基づいて特例の適用関係を整理すると、それぞれ次に掲げる宅地等が居住用宅地等に当たります（措通69の４－７）。

⑴　被相続人等の居住の用に供されていた家屋で、被相続人が所有していたもの（当該家屋が被相続人と生計を一にしていた被相続人の親族の居住の用に供していたものである場合には、当該親族が当該被相続人から無償で借り受けていたものに限ります。）の敷地の用に供されていた宅地等

⑵　被相続人等の居住の用に供されていた家屋で、被相続人の親族が所

有していたもの（当該家屋を所有していた被相続人の親族が、当該建物等の敷地を被相続人から無償で借り受け、かつ、被相続人等が当該建物等を当該親族から借り受けていた場合には、無償で借り受けていたときにおけるその家屋に限ります。）の敷地の用に供されていた宅地等

(3)　被相続人が介護保険法に規定する要介護認定又は要支援認定を受けたこと等により被相続人が老人ホーム等に入居していた場合（☞Q５参照）において、その入居直前まで被相続人の居住の用に供されていた家屋で、

①　被相続人が所有していたものの敷地の用に供されていた宅地等（被相続人の居住の用に供されなくなった後、事業の用又は被相続人等（被相続人が老人ホーム等に入居する直前において生計を一にし、かつ、当該家屋に引き続き居住している当該被相続人の親族を含みます。）以外の者の居住の用に供された宅地等を除きます。）

②　被相続人の親族が所有していたもの（当該家屋を所有していた被相続人の親族が、当該家屋の敷地を被相続人から無償で借り受け、かつ、被相続人が当該家屋を借り受けていた場合には、無償で借り受けていたときにおけるその家屋に限ります。）の敷地の用に供されていた宅地等（被相続人の居住の用に供されなくなった後、事業の用又は被相続人等（被相続人が老人ホーム等に入居する直前において生計を一にし、かつ、当該家屋に引き続き居住している当該被相続人の親族を含みます。）以外の者の居住の用に供された宅地等を除きます。）

Q4　配偶者居住権が設定されている場合の小規模宅地等の特例の対象となる被相続人等の事業の用又は居住の用に供されていた宅地等の範囲を説明してください。

ポイント

1.　被相続人の配偶者が被相続人の所有する建物に民法1028条１項に規定する配偶者居住権を取得した場合において、Ｑ３において説明した要件などを満たすときには、その配偶者居住権に基づく建物の敷地利用権（「配偶者敷地利用権」といいます。）についてこの特例の適用があるほか、配偶者居住権の目的となっている建物の敷地の用に供される宅地等についてもその適用がある

2.　建物に配偶者居住権が設定された後に、配偶者居住権を有する配偶者（「配偶者居住権者」といいます。）に相続が開始した場合には、配偶者居住権及び配偶者敷地利用権は当然に消滅して相続の対象にならないが（民法1036条において準用する同法597条３項）、他方、配偶者敷地利用権が設定されている宅地等の所有者（配偶者居住権者以外の者）に相続が開始した場合には、配偶者居住権及び配偶者敷地利用権は相続財産ではないことから、その宅地等のみがこの特例の対象となる

解　説

1　配偶者居住権の取得に係る相続の場合の特例の適用

この特例の適用の対象となる宅地等は、個人が相続又は遺贈により取得した宅地等のうち、相続開始の直前において、被相続人等の事業の用又は居住の用に供されていた宅地等で、建物等の敷地の用に供されているものです（措法69の４①）。

したがって、配偶者居住権の取得に係る相続（第１次相続）の場合に

は、相続開始の直前において配偶者居住権は存在しないため、その取得する配偶者居住権の目的とする建物等の敷地の用に供されていた宅地等が、この特例の適用の対象となる被相続人等の事業の用又は居住の用に供されていた宅地等に当たるかどうかの判定は、相続開始の直前（配偶者居住権の設定前）の現況により行うことになります（☞Ｑ３参照）。

2　相続開始の直前において配偶者居住権の設定されている建物等の敷地の用に供されていた宅地等を相続又は遺贈により取得した場合の特例の適用

相続開始の直前において配偶者居住権の設定されている建物等の敷地の用に供されていた宅地等を相続又は遺贈により取得した場合の特例の適用については、次に掲げる宅地等が被相続人等の事業の用又は居住の用に供されていた宅地等に当たります（措通69の４－４の２、69の４－７の２）。

ただし、配偶者居住権が建物等に設定される前から引き続き、当該建物等の一部が賃貸の用に供されていたために、当該賃貸の用に供されている部分に配偶者居住権が及ばない場合など、実質的に配偶者居住権に基づき当該建物等を使用・収益できない部分については、その部分に係る敷地の用に供されている宅地等の部分が被相続人等の事業の用又は居住の用に供されていた宅地等に当たるかどうかは、Ｑ３により判定することになります。

⑴　被相続人等の事業の用に供されていた宅地等に当たるもの

①　被相続人の所有する宅地等の上に被相続人以外の者が所有する建物等が存し、その宅地等がその者に対して相当の対価を得て継続的に貸し付けられていた場合のその宅地等

②　被相続人の所有する宅地等（上記①に掲げる宅地等を除きます。）の上に存する建物等（被相続人等又は被相続人と生計を別する被相続人の親族が所有していた建物等に限ります。）について、

Ａ　配偶者居住権者である被相続人等が、自己の事業の用に供していた場合のその建物等の敷地の用に供されていた宅地等

B　配偶者居住権者である被相続人等が、当該建物等の所有者の承諾を得て他の者に対して相当の対価を得て継続的に貸し付けていた場合のその建物等の敷地の用に供されていた宅地等

C　配偶者居住権者である被相続人等又は被相続人と生計を別する被相続人の親族が、当該建物等を無償（相当の対価に至らない程度の対価の授受がある場合を含みます。以下同じです。）で貸し付けていた場合において、配偶者居住権者以外の被相続人等が当該建物等を無償で借り受けて自己の事業の用に供していたときのその建物等の敷地の用に供されていた宅地等

⑵　被相続人等の居住の用に供されていた宅地等に当たるもの

①　相続開始の直前において、被相続人等の居住の用に供されていた家屋（被相続人又は被相続人の親族が配偶者居住権者である場合のその配偶者居住権の設定されている家屋をいいます。）で、被相続人が所有していたもの（当該家屋を居住の用に供していた被相続人等が当該家屋を当該配偶者居住権者から借り受けていた場合には、無償で借り受けていたときにおけるその家屋に限ります。）の敷地の用に供されていた宅地等

②　相続開始の直前において、被相続人等の居住の用に供されていた家屋で、被相続人の親族が所有していたもの（当該家屋を所有していた被相続人の親族が、当該家屋の敷地を被相続人から無償で借り受け、かつ、当該家屋を居住の用に供していた被相続人等が当該家屋を配偶者居住権者から借り受けていた場合には、無償で借り受けていたときにおけるその家屋に限ります。）の敷地の用に供されていた宅地等

③　被相続人が介護保険法に規定する要介護認定又は要支援認定を受けたこと等により被相続人が老人ホーム等に入居していた場合（☞Ｑ５参照）において、その入居直前まで、被相続人の居住の用に供されていた家屋（被相続人又は被相続人の親族が配偶者居住権者である場合のその配偶者居住権の目的となっている家屋をいいます。）で、

A　当該被相続人が所有していたもの（当該被相続人が当該家屋を当該配偶者居住権者から借り受けていた場合には、無償で借り受けていたときにおけるその家屋に限ります。）の敷地の用に供されていた宅地等（被相続人の居住の用に供されなくなった後、事業の用又は被相続人等（被相続人が老人ホーム等に入居する直前において生計を一にし、かつ、当該家屋に引き続き居住している当該被相続人の親族を含みます。）以外の者の居住の用に供された宅地等を除きます。）

B　当該被相続人の親族が所有していたもの（当該家屋を所有していた被相続人の親族が、当該家屋の敷地を被相続人から無償で借り受け、かつ、当該被相続人が当該家屋を配偶者居住権者から借り受けていた場合には、無償で借り受けていたときにおけるその家屋に限ります。）の敷地の用に供されていた宅地等（被相続人の居住の用に供されなくなった後、事業の用又は被相続人等（被相続人が老人ホーム等に入居する直前において生計を一にし、かつ、当該家屋に引き続き居住している当該被相続人の親族を含みます。）以外の者の居住の用に供された宅地等を除きます。）

Q5 被相続人が老人ホーム等に入居したことにより被相続人の居住の用に供されなくなった家屋の敷地の用に供されていた宅地等についても、この特例の対象となる宅地等に該当するそうですが、その要件を説明してください。

ポイント

被相続人が老人ホーム等に入居したことにより、その入居直前において被相続人の居住の用に供されなくなった家屋の敷地の用に供されていた宅地等については、その後、相続開始の直前までの間、その宅地等が事業の用又は被相続人等（被相続人が老人ホーム等に入居する直前において生計を一にし、かつ、その家屋に引き続き居住している当該被相続人の親族を含みます。）以外の居住の用に供されていない場合に限り、相続開始の直前において被相続人の居住の用に供されていた宅地等に該当する

解　説

被相続人が老人ホーム等に入居したことにより、その入居直前において被相続人の居住の用に供されなくなった家屋の敷地の用に供されていた宅地等であっても、次に掲げる１及び２の要件を満たす場合に限り、その宅地等は相続開始の直前において被相続人の居住の用に供されていた宅地等に該当します（措法 69 の４①、措令 40 の２②③）。

１　被相続人が介護保険法に規定する要介護認定又は要支援認定を受けていたこと等により、次の住居又は施設に入居又は入所していたこと若しくは被相続人が障害者の日常生活及び社会生活を総合的に支援するための法律に規定する障害者支援区分の認定を受けたことにより、同法に規定する障害者支援施設（施設入所支援が行われたものに限ります。）又は共同生活援助を行う住居に入居又は入所していたこと

(1) 認知症対応型老人共同生活援助事業が行われる住居

(2) 養護老人ホーム

(3) 特別養護老人ホーム

(4) 軽費老人ホーム

(5) 有料老人ホーム

(6) 介護老人保健施設又は介護医療院

(7) サービス付き高齢者向け住宅

2　被相続人の居住の用に供されなくなった家屋の敷地の用に供されていた宅地等が、その後、相続開始の直前までの間、事業の用又は被相続人等（被相続人が老人ホーム等に入居する直前において生計を一にし、かつ、その家屋に引き続き居住している当該被相続人の親族を含みます。）以外の居住の用に供されていないこと

Q6 特定居住用宅地等について説明してください。

ポイント

1. 「被相続人の居住の用に供されていた宅地等」については、①被相続人の配偶者、②被相続人と同居していた被相続人の親族又は③持家を有しない一定の要件を満たす被相続人の親族（「家なき子」といいます。）が相続又は遺贈により取得した場合に限り特定居住用宅地等に該当し得る

2. 「被相続人と生計を一にしていた被相続人の親族の居住の用に供されていた宅地等」については、被相続人の配偶者及び当該居住の用に供していた当該生計を一にしていた被相続人の親族が相続又は遺贈により取得した場合に限り特定居住用宅地等に該当し得る

3. 「被相続人の配偶者」が、被相続人等の居住の用に供されていた宅地等を相続又は遺贈により取得した場合には、「無条件」で、その宅地等は特定居住用宅地等に該当する

4. 「被相続人と同居していた被相続人の親族」が、被相続人の居住の用に供されていた宅地等を相続又は遺贈により取得した場合には、相続税の申告期限まで居住継続要件や保有継続要件などを満たすときに限り、その宅地等は特定居住用宅地等に該当する

5. 「家なき子」が、被相続人の居住の用に供されていた宅地等を相続又は遺贈により取得した場合には、被相続人の配偶者又は相続開始の直前において被相続人の居住の用に供されていた家屋に居住していた被相続人の相続人がいないなどの要件を満たすときに限り、その宅地等は特定居住用宅地等に該当する

6. 「被相続人と生計を一にしていた被相続人の親族」が、自己の居住の用に供していた宅地等を相続又は遺贈により取得した場合には、相続税の申告期限まで居住継続要件や保有継続要件などの要件を満たすときに限り、その宅地等は特定居住用宅地等に該当する

解　説

特定居住用宅地等とは、相続開始の直前において被相続人等の居住の用に供されていた宅地等（☞Ｑ３・４参照）（その宅地等が二以上ある場合には、主として居住の用に供されていた宅地等など一定のものに限ります。）で、①被相続人の配偶者が相続又は遺贈により取得した持分の割合に応じる部分又は②次に掲げる１又は２の宅地等の区分に応じ、それぞれに掲げる要件を満たす被相続人の親族（被相続人の配偶者を除きます。）が相続又は遺贈により取得した持分の割合に応ずる部分をいいます（措法 69 の４③二、措令 40 の２⑪⑫）。

なお、被相続人の居住の用に供されていた宅地等には、被相続人が区分所有登記である旨の登記がなされていない１棟の建物に居住していた場合には、その建物の敷地のうち被相続人の居住の用に供されていた部分に加え、その建物に居住していた被相続人の親族（被相続人と生計を一にする被相続人の親族であるかどうかは問いません。）の居住の用に供されていた部分も含まれます（措令 40 の４④⑬二）。

1　被相続人の居住の用に供されていた宅地等である場合

(1)　被相続人と同居していた被相続人の親族であること

この「被相続人と同居していた被相続人の親族」とは、被相続人の親族が相続開始の直前においてその宅地等の上に存する被相続人の居住の用に供されていた１棟の建物に居住していた者であって、相続開始時から相続税の申告期限（その親族が申告期限までに死亡した場合には、その死亡の日をいいます。以下同じです。）まで引き続きその宅地等を有し、かつ、その建物に居住している被相続人の親族をいいます（措法 69 の４③二イ）。

なお、上記の被相続人の親族とは、被相続人の居住の用に供されていた１棟の建物が、区分所有建物である旨の登記がされている建物である場合には、被相続人が居住の用に供されていた部分に居住していた者をいい、それ以外の建物（区分所有建物である旨の登記がされていないもの）である場合には、被相続人又は被相続人の親族の居住の用に供されていた部分に居住していた者をいいます(措令40の２⑬)。

⑵　家なき子であること

この「家なき子」とは、次に掲げる全ての要件を満たす被相続人の親族をいいます(措法69の４③二ロ、措令40の２⑭⑮、措規23の２④、措通69の４－21)。

①　無制限納税義務者又は制限納税義務者のうち日本国籍を有する者であること

②　被相続人の配偶者がいないこと

③　相続開始の直前において被相続人の居住の用に供されていた家屋（当該家屋がマンションや区分構造になっている二世帯住宅（区分所有登記の有無を問いません。）などについては、被相続人の居住している独立部分をいいます。）に居住していた被相続人の相続人（相続の放棄があった場合には、その放棄がなかったものとした場合における相続人をいいます。）がいないこと

④　相続開始前３年以内に日本国内にある自己、自己の配偶者、自己の三親等内の親族又は自己と特別の関係がある法人が所有する家屋（相続開始の直前において被相続人の居住の用に供されていた家屋を除きます。）に居住したことがないこと

⑤　被相続人の相続開始時に自己が居住している家屋（日本国外にある家屋も含みます。）を相続開始前のいずれの時においても所有していたことがないこと

⑥　相続開始時から相続税の申告期限まで引き続きその宅地等を有していること

2　被相続人と生計を一にする被相続人の親族の居住の用に供されていた宅地等である場合

被相続人と生計を一にしていた被相続人の親族で、相続開始前から相続税の申告期限まで引き続きその宅地等を有し、かつ、相続開始時から相続税の申告期限まで引き続きその宅地等を自己の居住の用に供していること（措法69の4③二ハ）

Q7 特定事業用宅地等について説明してください。

ポイント

1. 「被相続人の事業の用に供されていた宅地等」については、被相続人の親族が相続又は遺贈により取得した場合に限り、また、「被相続人と生計を一にしていた被相続人の親族の事業の用に供されていた宅地等」については、その事業の用に供していた当該被相続人の親族が相続又は遺贈により取得した場合に限り特定事業用宅地等に該当し得る

2. 被相続人等の営む不動産貸付業、駐車場業及び自転車駐車場業の敷地の用に供されていた宅地等については、その規模の大小、設備及び営業形態を問わず、全て特定事業用宅地等に該当しない（貸付事業用宅地等（☞Ｑ９参照）には該当し得る）

3. 相続開始前３年以内に新たに事業の用に供された宅地等については、原則として特定事業用宅地等に該当しない

解　説

特定事業用宅地等とは、相続開始の直前において被相続人等の事業（不動産貸付業、駐車場業、自転車駐車場業及び準事業（☞Ｑ１参照）を除きます。）の用に供されていた宅地等（☞Ｑ３・４参照）のうち、次の１に掲げる宅地等に該当しないもので、次に掲げる２又は３の宅地等の区分に応じ、それぞれに掲げる全ての要件を満たす被相続人の親族が相続又は遺贈により取得した持分の割合に応ずる部分をいいます（措法69の４③一、措令40の２⑦⑧⑩）。

1　相続開始前３年以内に新たに事業の用に供された宅地等ではないこと

ただし、次に掲げる宅地等については、「相続開始前３年以内に新たに事業の用に供された宅地等」に当たりません。

⑴　被相続人の所有する宅地等が相続開始前３年を超えて事業の用に供されていた場合において、相続開始前３年以内に①その宅地等が他の事業の用に供されたもの又は②その宅地等の上に存するその建物等が建替えられ、建替えられた建物等を速やかに事業の用に供していたものなどに係る宅地等（措通 69 の４－20 の２）

⑵　一定規模以上の事業（「特定事業」といいます。）を行っていた被相続人等のその事業の用に供された宅地等

なお、上記の特定事業とは、新たに事業の用に供された宅地等の相続開始時における価額に対する当該事業の用に供されていた次に掲げる資産（当該資産のうちに当該事業の用以外の用に供されていた部分がある場合には、当該事業の用に供されていた部分に限ります。）のうち被相続人等が有していたものの相続開始時における価額の合計額の割合が 15％以上である場合における当該事業をいいます（措通 69 の４－20 の３）。

①　当該宅地等の上に存する建物（その附属設備を含みます。）又は構築物

②　所得税法に規定する減価償却資産で当該宅地等の上で行われる当該事業に係る業務の用に供されていたもの（①に掲げるものを除きます。）

⑶　被相続人が自己の相続（第２次相続）の開始前３年以内に開始した相続又は遺贈（第１次相続）により事業の用に供されていた宅地等（第１次相続に係る被相続人の事業の用に供されていたものに限ります。）を取得し、その取得の日以後引き続き事業の用に供していた場合におけるその宅地等（措令 40 の２⑨）

⑷　令和４年３月 31 までの間に相続又は遺贈により取得した宅地等のうち、①平成 31 年３月 31 日以前に事業の用に供したもの又は②平成

31年4月1日以降に特定事業の用に供したもののうち相続開始の日まで引き続き特定事業を行っていたもの（令和元年改正法附則79②）

2　被相続人の事業の用に供されていた宅地等である場合

(1)　当該宅地等を相続又は遺贈により取得した被相続人の親族（その親族が相続税の申告期限までに死亡した場合には、その親族から相続又は遺贈により当該宅地等を取得したその親族の相続人をいいます。次の(2)において同じです。）が相続開始時から相続税の申告期限（その親族が申告期限までに死亡した場合には相続税法27条2項の規定により延長された申告期限をいいます。）までの間にその宅地等の上で営まれていた被相続人の事業を引き継ぎ、かつ、その申告期限まで引き続きその事業を営んでいること（措通69の4－15）

(2)　上記(1)の親族が相続税の申告期限まで引き続きその宅地等を有していること

3　被相続人と生計を一にしていた被相続人の親族の事業の用に供されていた宅地等である場合

当該宅地等を事業の用に供していた被相続人と生計を一にしていた被相続人の親族が、相続開始時から相続税の申告期限（その親族が申告期限までに死亡した場合には、その死亡の日をいいます。）まで引き続きその宅地等を有し、かつ、相続開始前からその申告期限まで引き続き、その宅地等を自己の事業の用に供していること

Q8 特定同族会社事業用宅地等について説明してください。

ポイント

被相続人の所有する宅地等又は当該宅地等の上に存する被相続人等が所有する建物等が、一定の法人に貸し付けられていた場合であっても、その貸付けが無償（相当の対価に至らない程度の対価の授受がある場合を含みます。以下同じです。）で行われていたものは、この特例自体の適用がない

解　説

特定同族会社事業用宅地等とは、相続開始の直前から相続税の申告期限（その宅地等を取得した被相続人の親族が申告期限までに死亡した場合には、その死亡の日をいいます。以下同じです。）まで引き続き次の１の要件を満たす法人の事業の用に供されていた次の２の要件を満たす宅地等で、かつ、次の３の要件を満たす被相続人の親族が相続又は遺贈により取得した持分の割合に応ずる部分をいいます（措法69の４③三、措令40の２⑱、措規23の２⑤）。

１　相続開始の直前において被相続人及び被相続人の親族その他その被相続人と特別の関係がある者が法人の発行済株式又は出資の総数又は総額の50%を超える数又は金額の株式又は出資を有する法人（清算中の法人を除きます。）であること（措令40の２⑮⑯）

なお、この場合の株式若しくは出資又は発行済株式には、議決権の制限のある株式又は出資は含まれません（措令40の２⑰、措規23の２⑥）。

２　次に掲げる宅地等のうち法人の事業（不動産貸付業、駐車場業、自転車駐車場業及び準事業（☞Ｑ１参照）を除きます。）の用に供され

ていた宅地等であること（措法69の4③三、措令40の2⑦）

⑴　当該法人に貸し付けられていた宅地等（その貸付けが相当の対価を得て継続的に行われているものに限ります。）

⑵　当該法人の事業の用に供されていた建物等で、次の①又は②に掲げるものの敷地の用に供されていた宅地等

①　被相続人が所有していた建物等又は被相続人と生計を一にしていた被相続人の親族が所有していた建物等（その親族がその建物等の敷地を被相続人から無償で借り受けていた場合におけるその建物等に限ります。）で、その法人に貸し付けられていたもの（その貸付けが相当の対価を得て継続的に行われているものに限ります。次の②において同じです。）

②　相続開始の直前において配偶者居住権に基づき使用及び収益がされていた建物等で、被相続人が所有していたもの又は被相続人の親族が所有していたもの（その親族がその建物等の敷地を被相続人から無償で借り受けていた場合におけるその建物等に限ります。）のうち、配偶者居住権者である被相続人等により当該法人へ貸し付けられていたもの

3　次の⑴及び⑵の要件を満たす被相続人の親族であること

⑴　相続税の申告期限において上記1の法人の役員であること

⑵　上記⑴の相続税の申告期限までその宅地等を有していること

Q9 貸付事業用宅地等について説明してください。

ポイント

1. 「被相続人の貸付事業の用に供されていた宅地等」については、被相続人の親族が相続又は遺贈により取得した場合に限り、また、「被相続人と生計を一にしていた被相続人の親族の貸付事業の用に供されていた宅地等」については、その貸付事業の用に供していた被相続人の親族が相続又は遺贈により取得した場合に限り貸付事業用宅地等に該当し得る

2. 相続開始前３年以内に新たに貸付事業の用に供された宅地等については、原則として貸付事業用宅地等には該当しない

解　説

貸付事業用宅地等とは、相続開始の直前において被相続人等の貸付事業（不動産貸付業、駐車場業、自転車駐車場業及び準事業（☞Ｑ１参照）いいます。）の用に供されていた宅地等（☞Ｑ３・４参照）のうち、次の１に掲げる宅地等に該当しないもので、次に掲げる２又は３の宅地等の区分に応じ、それぞれに掲げる要件を満たす被相続人の親族が相続又は遺贈により取得した持分の割合に応ずる部分をいいます（措法69の4③四、措令40の2⑦⑲㉒）。

1　相続開始前３年以内に新たに貸付事業の用に供された宅地等

ただし、次の⑴から⑷までに掲げる宅地等については、「相続開始前３年以内に新たな貸付事業の用に供された宅地等」には当たりません。

⑴　被相続人が相続開始の日まで３年を超えて引き続き特定貸付事業（貸付事業のうち準事業以外のものをいいます。）を行っていた場合に

おいて、相続開始前３年以内に①当該特定貸付事業に係る賃貸借契約が更新されていたもの若しくは②その更新が行われず、新たな賃借人に貸し付けられたもの又は③その宅地等の上に存する建物等が建て替えられ、新たな賃借人に貸し付けられたものなど（措通 69 の４－24 の３）

⑵　相続開始前３年以内に新たに貸付事業の用に供された宅地等であったとしても、「相続開始の日まで３年を超えて引き続き特定貸付事業」を行っていた被相続人等のその特定貸付事業の用に供されたもの

なお、上記の「相続開始の日まで３年を超えて引き続き特定貸付事業」を行っていたかどうかは、特定貸付事業を行っていた被相続人自身が相続開始前３年以内に開始した相続又は遺贈により特定貸付事業の用に供されていた宅地等を取得していた場合には、従前の特定貸付事業を行っていた期間を含めたところで判定します（措令 40 の２㉑）。

また、上記の「特定貸付事業」には、例えば、次に掲げるものが該当します（措通 69 の４－24 の４）。

①　被相続人等の行う貸付事業が不動産の貸付けである場合において、その不動産の貸付けが所得税法 26 条１項に規定する不動産所得を生ずべきものとして行われているもの

②　被相続人等の行う貸付事業の対象が駐車場又は自転車駐車場であって自己の責任において他人の物を保管する場合において、その貸付事業が所得税法 27 条１項に規定する事業所得を生ずべきものとして行われているもの

⑶　被相続人が自己の相続（第２次相続）の開始前３年以内に開始した相続又は遺贈（第１次相続）により貸付事業の用に供されていた宅地等（第１次相続に係る被相続人の貸付事業の用に供されていたものに限ります。）を取得し、その取得の日以後引き続き貸付事業の用に供していたもの（措令 40 の２⑳）

⑷　令和３年３月 31 日までの間に相続又は遺贈により取得する被相続人等の貸付事業の用に供されていた宅地等のうち、①当該宅地等が平成 30 年３月 31 日以前に貸付事業の用に供していたもの又は②当該

宅地等が平成30年4月1日以降に特定貸付事業の用に供していたもののうち相続開始の日まで引き続き特定貸付事業を行っていたもの(平成30年度改正法附則118④)。

2　被相続人の貸付事業の用に供されていた宅地等である場合

当該宅地等を相続又は遺贈により取得した親族（その親族が相続税の申告期限までに死亡した場合には、その親族から相続又は遺贈により当該宅地等を取得したその親族の相続人をいいます。）が相続開始時から相続税の申告期限（その親族が死亡した場合には相続税法27条2項の規定により延長された申告期限をいいます。）までの間にその宅地等に係る被相続人の貸付事業を引き継ぎ、その申告期限まで引き続きその宅地等を有し、かつ、その貸付事業の用に供していること

3　被相続人と生計を一にしていた被相続人の親族の貸付事業の用に供されていた宅地等である場合

当該宅地等を貸付事業の用に供していた被相続人と生計を一にしていた被相続人の親族が、相続開始時から相続税の申告期限（その親族が申告期限前に死亡した場合には、その死亡の日）まで引き続きその宅地等を有し、かつ、相続開始前からその申告期限まで引き続きその宅地等を自己の貸付事業の用に供していること

第2章

精選実例による小規模宅地特例の適用判定と生前対策

Q10 居住用家屋、事業用店舗及び賃貸マンションに係る宅地がある場合

被相続人である父は、居住用家屋、個人事業用の店舗のほか賃貸マンションに係る宅地を所有していました。

相続人である子が、各宅地を父から相続した場合、その全ての宅地について小規模宅地等の特例を適用できますか。

※各宅地の面積はそれぞれ300㎡で、相続税評価額は同額です。

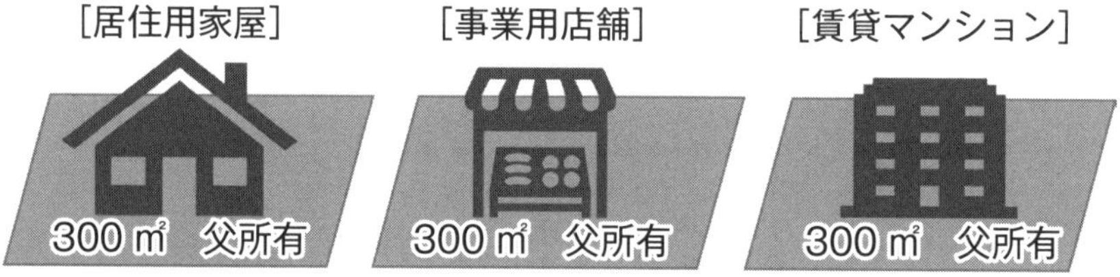

Answer

相続税負担の観点からすれば、居住用家屋に係る宅地（特定居住用宅地等）300㎡及び事業用店舗に係る宅地（特定事業用宅地等）300㎡について、その適用をするのが最も合理的です。

解　説

小規模宅地等の特例は、個人が相続又は遺贈により取得した財産のうちに、相続開始の直前において被相続等の事業の用又は居住の用に供されていた宅地等で、建物等の敷地の用に供されているものがある場合に、次の表の小規模宅地等の区分に掲げる限度面積要件を満たす場合などに限り、相続税の課税価格に算入する価額を20%又は50%相当額とされる制度です（措法69の4①②）。（☞Q１参照）

<table>
<tr><th colspan="2"></th><th>限度面積要件</th><th>相続税の課税価格に算入する価額</th></tr>
<tr><td colspan="2">①特定居住用宅地等
（☞Ｑ６参照）</td><td>330 ㎡</td><td>20% 相当額</td></tr>
<tr><td colspan="2">②特定事業用宅地等又は特定同族会社事業用宅地等
（☞Ｑ7・８参照）</td><td>400 ㎡</td><td>20% 相当額</td></tr>
<tr><td rowspan="2">③貸付事業用宅地等
（☞Ｑ９参照）</td><td>貸付事業用宅地等のみ</td><td>200 ㎡</td><td rowspan="2">50% 相当額</td></tr>
<tr><td>貸付事業用宅地等の他に上記①又は②の宅地等がある場合</td><td>次の値が 200 ㎡以下
Ａ×200/400
＋Ｂ×200/330
＋Ｃ</td></tr>
</table>

(注)　Ａは、特定事業用宅地等又は特定同族会社事業用宅地等の面積の合計
　　　Ｂは、特定居住用宅地等の面積の合計
　　　Ｃは、貸付事業用宅地等の面積の合計

本件では、父は特定居住用宅地等（居住用家屋に係る宅地）、特定事業用宅地等（個人事業用店舗に係る宅地）及び貸付事業用宅地等（賃貸マンションに係る宅地）を所有していました。

この場合、相続人である子は事業を承継するなど一定の要件を満たす限り、特定居住用宅地等と特定事業用宅地等とは併せて小規模宅地等の特例を適用できます。

なお、貸付事業用宅地等の相続税の課税価格に算入する価額（50%相当額）は、特定居住用宅地等及び特定事業用宅地等の算入する価額（20% 相当額）よりも高い（相続税負担額が多くなる）こと、また、上記③の算式

［Ａ(特定事業用宅地 300㎡）× 200/400 ＋ Ｂ(特定居住用宅地 300㎡）× 200/330］

の値 331㎡が 200㎡を超えている（限度面積要件を満たさない）ことから、本件においては、貸付事業用宅地等について、小規模宅地等の特

例を適用しないほうが相続税負担額を軽減することができます。（☞Q 11 参照）

Q11 居住用家屋及び複数の貸アパートに係る宅地がある場合

被相続人である父は、居住用家屋及び複数の賃貸アパートに係る宅地を所有していました。

相続人である子が各宅地を相続した場合、小規模宅地等の特例をどのように適用すれば、相続税負担額が軽くなりますか。

※居住用家屋に係る宅地の面積は300㎡、相続税評価額は６千万円です。

※また、賃貸アパートａに係る宅地の面積は300㎡、相続税評価額は９千万円、賃貸アパートｂに係る宅地の面積は150㎡、相続税評価額は６千万円です。

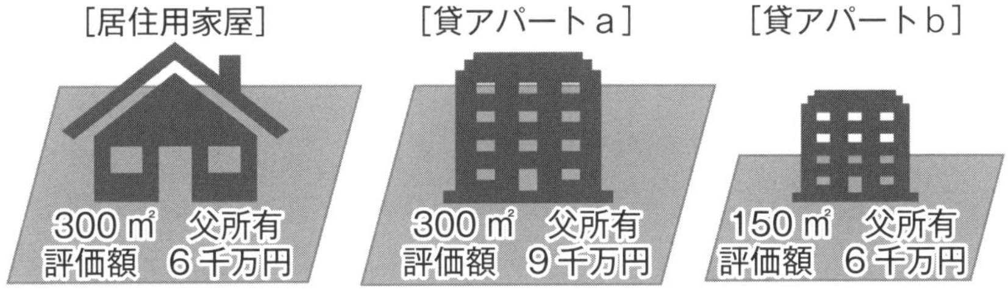

Answer

居住用家屋に係る宅地300㎡及び賃貸アパートｂに係る宅地18.18㎡に小規模宅地等の特例を適用することが、最も相続税負担額を軽くすることができます。

解　説

小規模宅地等の相続税の課税価格に算入する価額は、特定居住用宅地等（被相続人等の居住の用に供されていた宅地等）については、その価額の20%相当額、貸付事業用宅地等（賃貸アパートなどの敷地の用に供されていた宅地等）については、その価額の50%相当額となります。

また、小規模宅地等の特例を適用できる面積（限度面積要件）は、特定居住用宅地等については330㎡以下であること、貸付事業用宅地等については①貸付事業用宅地等のみ適用する場合は200㎡以下、②特定居住用宅地等や特定事業用宅地等と併せて選択する場合は、次の算式の合計が200㎡以下とされています（措法69の4①②）。(☞Q1参照)

[算式]

A × 200/400 ＋ B× 200/330 ＋ C

（Aは特定事業用宅地等又は特定同族会社事業用宅地等の面積の合計、Bは特定居住用宅地等の面積の合計、Cは貸付事業用宅地等の面積の合計）

本件において、どの宅地に小規模宅地等の特例を適用すべきかの優先判定は次の通りとなります。

	① 面積	② 評価額	③ 1㎡当たり評価額（②／①）	小規模宅地適用後		④ 優先順位
				④1㎡当たり軽減額	⑤ ④× 面積	
居住用家屋に係る宅地	300㎡	6千万円	20万円	16万円 （③×80%）	48百万円	1
賃貸アパートaの宅地	300㎡	9千万円	30万円	15万円 （③×50%）	30百万円	3
賃貸アパートbの宅地	150㎡	6千万円	40万円	20万円 （③×50%）	30百万円	2

上記より、小規模宅地等の特例の優先順位は、第一に居住用家屋に係る宅地に適用します。

なお、居住用家屋に係る宅地は300㎡で、適用上限面積である330㎡に満たないことから、上記［算式］に当てはめると、次のとおり、賃貸アパートa又はbの宅地に対し、18.18㎡（C）の適用ができることとなります。

200㎡　≧ B（居住用家屋に係る面積：300㎡）× 200/330 ＋ C（貸付事業用宅地に係る面積）

C ＝ 18.18㎡

この場合、上記表④欄より、「1㎡当たり軽減額」は［賃貸アパートbの宅地］＞［賃貸アパートaの宅地］になりますから、18.18㎡は［賃貸アパートbの宅地］に適用することになります。

Q12 父と母が相次いで亡くなった場合

父が死亡（第１次相続）し、その遺産の分割協議を終える前に母が死亡（第２次相続）しました。母の相続人は子Ａ（持家なし）とＢ（持家あり）の２名で、第２次相続に関する相続税負担の軽減を図るために、子Ａが父の所有していた自宅を第１次相続により取得したとする分割協議を行いました。この場合、子Ａは第１次相続により取得した父の自宅の敷地（本件宅地）について小規模宅地等の特例を適用できますか。

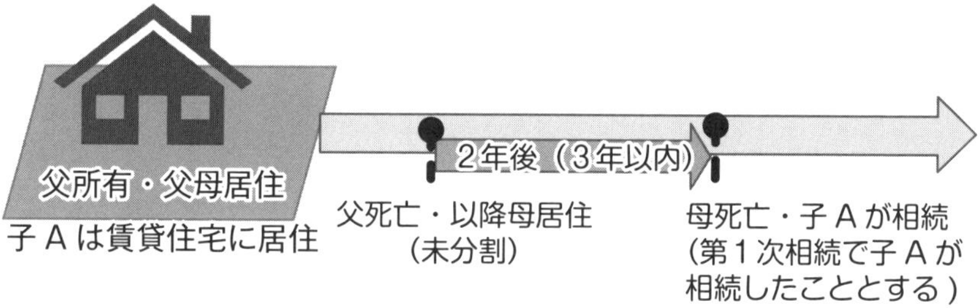

Answer

本件宅地については、小規模宅地等の特例は適用できません。

解　説

小規模宅地等の特例は、遺産分割により取得した宅地等について適用されますが、宅地等が分割される前に、相続人等のうちいずれかが死亡した場合において、他の共同相続人等による分割により当該死亡した者の取得した特例対象宅地等として確定させたものがあるときは、当該死亡した者が取得したものとしてその適用ができることとされています（措通69の４－25）。（☞Ｑ１参照）

また、「家なき子」である被相続人の親族（被相続人の配偶者を除きます。）が、被相続人の居住の用に供されていた宅地等について小規模宅地等の特例の適用を受けるためには、被相続人の配偶者又は相続開始の直前において被相続人の居住の用に供されていた家屋に居住していた被相続人の相続人がいない場合などの要件を満たす必要があります（措法69の4③二ロ、措令40の2⑭⑮、措規23の2④）。（☞Ｑ６参照）

本件においては、子ＡはＢとの分割協議により本件宅地を第１次相続により取得しているものの、第１次相続時には被相続人の配偶者である母は健在で「家なき子」の適用要件である「被相続人に配偶者がいないこと」に該当しないこととなります。

したがって、確かに第２次相続時において本件宅地は相続財産とはならず、相続税は課税されないものの、第１次相続時においては、本件宅地について小規模宅地等の特例は適用できません。

対応策

子Ａ・Ｂの分割協議により、本件宅地について第１次相続により母が取得することとし、次いで、第２次相続により子Ａが取得することとした場合、一定の要件を満たす限り、いずれの相続においても小規模宅地等の特例を適用することができます。

Q13 同一敷地内に２棟の建物がある場合の小規模宅地等の特例の適用（生計別）

父所有の一つの居住用宅地を二つに分割し、本宅とは別に子が新宅を建て、父母は本宅で居住し、子世帯は新宅で居住していました。なお、父と子の生計は別でした。

父が亡くなり、本宅・新宅に係る宅地を子が相続した場合、いずれの宅地についても小規模宅地等の特例を適用できますか。

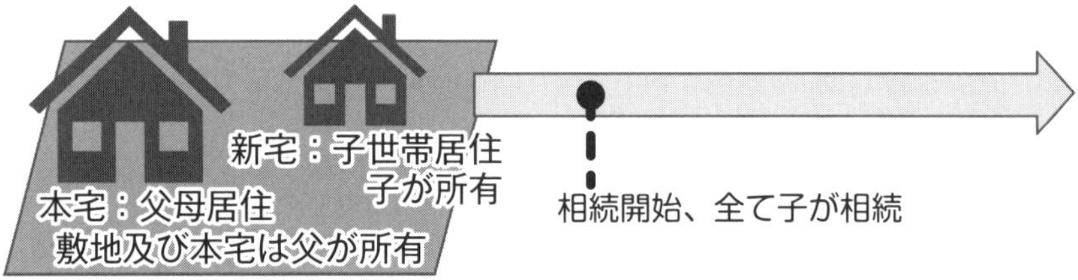

Answer

本宅・新宅に係る宅地については、いずれも小規模宅地等の特例を適用することはできません。

解　説

小規模宅地等の特例の対象となる居住用宅地等とは、相続開始の直前において、被相続人等の居住の用に供されていた宅地等で、一定の被相続人の親族が取得した部分をいいます（措法69の４①）。（☞Ｑ６参照）

この「被相続人等」とは、「被相続人又は当該被相続人と生計を一にしていた当該被相続人の親族」（措法69の４①柱書）をいいます。（☞Ｑ２参照）

よって、相続人である子が居住の用に供している家屋に係る宅地等を被相続人が所有していたとしても、子が被相続人と生計が一でなかったならば、その宅地等は小規模宅地等の特例の対象とはなりません。

また、被相続人の居住の用に供されていた家屋に係る宅地等について小規模宅地等の特例が受けられる者は、その宅地等を取得した被相続人の配偶者、被相続人と同居していた被相続人の親族、又は、「家なき子」に限られています（措法69の4③二イ・ロ）。（☞Ｑ６参照）

本件では、被相続人である父と子とは別生計であったことから、新宅の宅地は小規模宅地等の特例の対象とはならず、また、子は本宅で被相続人と同居していなかったことから、本宅に係る宅地についても小規模宅地等の特例を適用することはできません。

対応策：被相続人の配偶者が取得

被相続人の配偶者が被相続人等の居住の用に供されていた宅地等を取得した場合には無条件で、小規模宅地等の特例が適用できます。

したがって、本宅に係る宅地を被相続人の配偶者である母が取得した場合、限度面積要件（☞Ｑ１・10参照）を満たす限り、小規模宅地等の特例を適用することができます。

Q14 同一敷地内に２棟の建物がある場合の小規模宅地等の特例の適用（生計一）

父所有の一つの居住用宅地を二つに分割し、本宅とは別に子が新宅を建て、父母は本宅で居住し、子世帯は新宅で居住していました。なお、父母と子世帯との生計は一でした。

父が亡くなり、本宅・新宅に係る宅地を子が相続した場合、いずれの宅地についても小規模宅地等の特例を適用できますか。

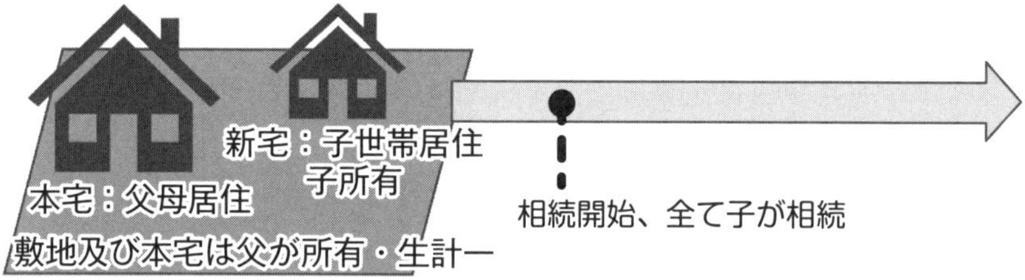

Answer

新宅に係る宅地のみ小規模宅地等の特例を適用することができます。

解　説

小規模宅地等の特例の対象となる被相続人等の居住の用に供されていた宅地等とは、①被相続人の居住の用に供されていた宅地等及び②被相続人と生計を一にしていた被相続人の親族の居住の用に供されていた宅地等とされています（措法69の4①）。（☞Q２・３参照）

この場合、被相続人が居住の用に供されていた家屋に係る宅地等について小規模宅地等の特例の適用が受けられる者は、その宅地等を取得した被相続人の配偶者、被相続人と同居していた被相続人の親族、又は、「家なき子」に限られています（措法69の4③二イ・ロ）。（☞Q６参照）

本件においては、子は本宅で被相続人と同居していなかったことから本宅に係る宅地については小規模宅地等の特例を適用することはできませんが、子の居住の用に供されていた新宅に係る宅地については、被相続人と子の生計は一であったことから、その適用をすることができます。

対応策：被相続人の配偶者が取得

本宅に係る宅地を被相続人の配偶者である母が取得した場合には、限度面積要件（☞Ｑ１・10参照）を満たす限り、小規模宅地等の特例を適用することができます。

Q15 同一敷地内に２棟の建物がある場合の小規模宅地等の特例の適用（旧宅は倉庫）

母所有の一つの居住用宅地を二つに分割し、本宅とは別に新宅を建て、母は本宅で居住し、新宅は子世帯が居住していましたが、子世帯は転勤のため６年前に賃貸住宅に転居し、新宅はその後、物置として使われていました。

母が亡くなり、本宅・新宅に係る宅地を子が相続した場合、いずれの宅地についても、小規模宅地等の特例を適用できますか。

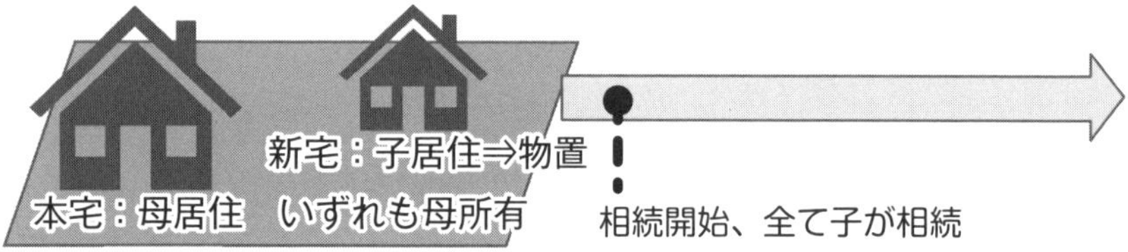

Answer

本宅に係る宅地についてのみ小規模宅地等の特例の適用が受けられます。

解　説

小規模宅地等の特例の対象となる居住用宅地等とは、相続開始の直前において、被相続人等の居住の用に供されていた家屋の敷地の用に供されていた宅地等です（措通69の４－７⑴）。（☞Ｑ３参照）

この「居住の用に供されていた家屋」は、独立した居住用家屋と考えられ、二つ以上の家屋が併せて「独立した居住用家屋」であると認められるか否かについては、「それぞれの家屋の規模、構造、間取り、設備、各家屋間の距離等客観的状況によって判断す（る）」ものと解されています（平成19年２月７日裁決）。

例えば、台所、便所、風呂を備え客観的状況によって居住用家屋と判断できる家屋については、たとえ、その台所、便所、風呂を使用していなくとも、独立した居住用家屋となります。

そうすると、被相続人の居住の用に供し得る家屋が２軒以上ある場合には、被相続人が主としてその居住の用に供されていた家屋に係る宅地等のみが、小規模宅地等の特例の対象となります（措令40の２⑪一・二）。

なお、台所、便所、風呂などの設備がない附属建物、いわゆる離れや敷地内倉庫については、渡り廊下などでつながっているか否かを問わず、被相続人の居住の用に供されていた家屋と合わせて「独立した居住用家屋」と解することができます。

本件においては、新宅は倉庫として使用していたものの、従前、子世帯が居住の用に供されていたことから、台所、便所、風呂を備えた「独立した居住用家屋」と判断できるものと解せられます。

よって、新宅に係る宅地、換言すれば空き家に係る宅地については小規模宅地等の特例の対象にはならず、同特例の対象となるのは本宅に係る宅地のみと考えられます。

（参考） 建築基準法上は、「敷地とは一の建築物又は用途上不可分の関係にある二以上の建築物のある一団の土地をいう」とあり、用途上可分の建築物は一敷地に一の建築物しか建てられないこととされています。

Q16 １棟のマンション内に、被相続人夫婦居住用と子世帯居住用がある場合

被相続人である父は１棟のマンション内に被相続人夫婦の居住用と子世帯の居住用の部屋（使用貸借）を２戸所有し、いずれも子が相続しました。

父と子とは生計は別でしたが、被相続人夫婦の居住用に係る宅地（本件Ａ宅地）及び子世帯の居住用に係る宅地（本件Ｂ宅地）とも、小規模宅地等の特例を適用できますか。

Answer

本宅Ａ宅地及び本件Ｂ宅地とも、小規模宅地等の特例を適用することはできません。

解　説

小規模宅地等の特例の対象となる居住用宅地等とは、相続開始の直前において、被相続人等の居住の用に供されていた宅地等で、一定の被相続人の親族が取得した部分をいいます（措法69の4①）。（☞Ｑ６参照）

この「被相続人等」とは、「被相続人又は当該被相続人と生計を一にしていた当該被相続人の親族」（措法69の4①柱書）をいいます。（☞Ｑ２参照）

よって、相続人である子が居住の用に供している家屋に係る宅地等を被相続人が所有していたとしても、子が被相続人と生計が一でなかったならば、その宅地等は小規模宅地等の特例の対象とはなりません。

また、「家なき子」が被相続人の居住の用に供されていた家屋に係る宅地等について小規模宅地等の特例が受けるためには、被相続人の配偶者がいないことが要件の一つとされています。（☞Q６参照）

本件では、子は被相続人と同居していなかったことから、本件Ａ宅地は小規模宅地等の特例の対象とはならず、また、被相続人である父と子とは別生計であり、被相続人の配偶者も健在であることから、本件Ｂ宅地についても小規模宅地等の特例を適用することはできません。

対応策：被相続人の配偶者が取得

被相続人の配偶者が被相続人等の居住の用に供されていた宅地等を取得した場合には、無条件で、小規模宅地等の特例を適用することができます。

したがって、本件Ａ宅地を被相続人の配偶者である母が取得した場合、限度面積要件（☞Q１・10参照）を満たす限り、小規模宅地等の特例を適用することができます。

Q17 配偶者居住権を取得した場合

被相続人である父が居住していた家屋（本件家屋）及び敷地（300㎡）を子が相続し、被相続人の配偶者がその家屋に配偶者居住権を取得することとしました。

この場合、配偶者敷地利用権に対し、小規模宅地等の特例は適用できるのでしょうか。また、その場合の適用対象となるのはどの部分でしょうか。

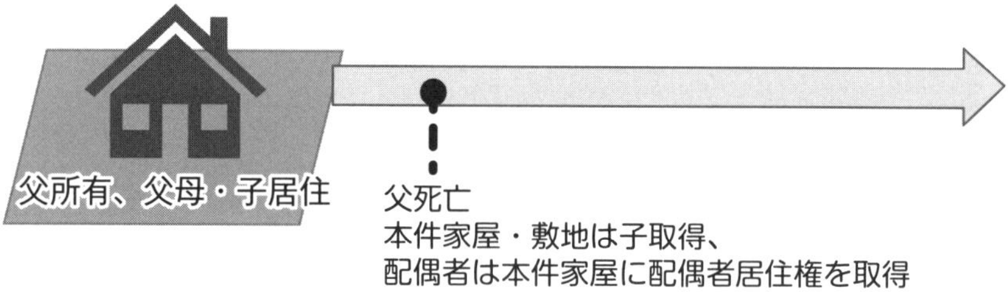

Answer

配偶者敷地利用権のうち100㎡の部分及び配偶者居住権の目的となっている本件家屋に係る宅地（本件宅地）のうち200㎡の部分について小規模宅地等の特例が適用できます。

解　説

配偶者居住権の制度は、配偶者に安定的に住居を確保するために、配偶者に、同人が被相続人の相続開始の時に居住し、被相続人が有していた建物について、配偶者の終身又は一定の期間にわたり排他的な無償使用権限を認めるものです（民法1028）。

配偶者居住権は賃借権類似の法定の債権と解されていますから、それ自体は小規模宅地等の特例の適用対象とはなりません。しかし、配偶者敷地利用権及び配偶者居住権の目的となっている建物の敷地の用に供される宅地等は、小規模宅地等の特例の適用対象となる特例対象宅地等に含まれます（措法69の４①、措令40の２⑥）。（☞Ｑ４参照）

したがって、本件においては、例えば、本件宅地の評価額（本件家屋に係る配偶者居住権が設定されていない場合の評価額（Ａ））が３千万円、配偶者敷地利用権の価額（Ｂ）が１千万円とした場合、配偶者敷地利用権及び本件宅地のうち、次の計算式により算出された部分について一定の要件を満たす限り、小規模宅地等の特例を適用することができます。

家　屋

①　本件宅地の価額

（Ａ）　　　　　　（Ｂ）

３千万円　－　１千万円　＝　２千万円（Ｃ）

②　配偶者敷地利用権の小規模宅地等の特例の適用対象部分

$$300\text{㎡} \times \frac{\text{１千万円（Ｂ）}}{\text{３千万円（Ｂ＋Ｃ）}} = 100\text{㎡}$$

③　本件宅地の小規模宅地等の特例の適用対象部分

$$300\text{㎡} \times \frac{\text{２千万円（Ｃ）}}{\text{３千万円（Ｂ＋Ｃ）}} = 200\text{㎡}$$

Q18 申告期限までに配偶者居住権が設定された貸店舗付き住宅の賃借人の入退去があった場合

被相続人である父が所有していた区分登記なしの貸店舗付き住宅（本件建物）とその敷地を子が取得し、被相続人の配偶者が本件建物に配偶者居住権を取得しました。

配偶者居住権が設定された後に、貸店舗の賃借人が退去した場合、その貸店舗の部分にも配偶者居住権の効力が及ぶと聞いていますが、仮に、相続開始後10月以内にその賃貸人が退去し、新たに賃借人が入居した場合には、子は、その貸店舗に係る宅地の部分について貸付事業用宅地等として小規模宅地等の特例を適用できますか。

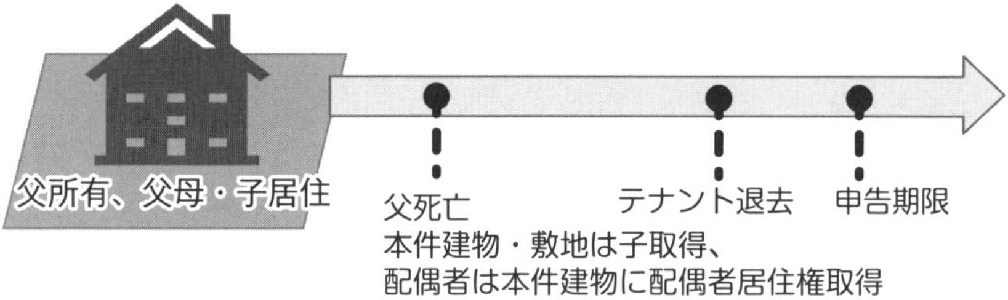

Answer

配偶者居住権が設定された後に、本件建物の貸店舗の賃借人の入退去があった場合には、その貸店舗の部分について配偶者居住権が及び、その配偶者居住権が新たに貸付事業の用に供されたことになりますから、小規模宅地等の特例の適用を受けるのは難しいのではないかと考えます。

解　説

被相続人の貸付事業の用に供されていた宅地等については被相続人の

親族が、その宅地等に係る被相続人の貸付事業を相続税の申告期限までに引き継ぎ、その申告期限まで引き続きその宅地等を有し、かつ、その貸付事業を行っていることが小規模宅地等の適用要件とされています(措法69の4③四イ)。(☞Ｑ９参照)

ところで、配偶者居住権の及ぶ範囲は、配偶者が被相続人の相続開始の時に居住建物の一部に居住していたことを要件として居住建物の全部について成立することから（民法1028①)、配偶者が相続開始の前に居住建物の一部を居住用、残部を自己の事業用として使用していた場合、あるいは、その残部を専ら他の者が使用（例えば、子の居住用又は事業用として使用）していた場合であっても、配偶者居住権は居住建物全体に及びます。

もっとも、建物賃貸借においては建物の引渡しが対抗要件となるところ（借地借家法31)、居住建物の一部が既に賃貸されていた場合には、通常、賃貸人が先にその賃貸部分の引渡しを受けていることから、配偶者は、その賃貸人に対しては、配偶者居住権による使用収益権限を対抗することができなくなると解されていますから（堂薗幹一郎・野口宣大「一問一答新しい相続法」16頁・商事法務)、その賃貸部分については実質的に配偶者居住権に基づく使用収益権が及びません。

しかしながら、相続開始の時において居住建物の一部が賃貸されていたものについて、配偶者が遺産の分割により当該居住建物に配偶者居住権を取得した後、その賃貸されていた部分の賃借人が退去し、新たな賃借人が入居したときには、対抗要件の問題となり、新たな賃借人が有する賃借権は既にある配偶者居住権に対抗できないことから、その賃貸された部分についても配偶者居住権による使用収益権限が及ぶこととなります。そして、配偶者は、居住建物の所有者の承諾を得れば、新たな賃借人に貸し付けることができます。

本件においては、相続開始後、貸店舗の賃借人が退去するまでは、貸店舗部分は子の貸付事業の用に供されていますが、その賃借人が退去したことによって、その部分に配偶者居住権が及び、その後、新たな賃借人に貸し付けられた場合には、その貸付事業は配偶者居住権に基づくものであると解されます。

よって、貸店舗部分に係る宅地の部分は、仮に子が母の配偶者居住権を無償で借り受けて貸店舗部分を新たな賃借人に貸し付けたとしても、相続税の申告期限まで引き続き子の貸付事業の用に供していたとはいえないことから、その部分につき、貸付事業用宅地等として小規模宅地等の特例の適用を受けるのは難しいのではないかと考えられます。

対応策

本件建物の貸店舗部分とそれ以外の居住用部分について区分所有登記を行なった上で、配偶者居住権を居住用部分に設定することにより、その後、その貸店舗の賃借人の入退去があったとしても、その部分に配偶者居住権が及ぶことはないことから、子は貸店舗部分に係る宅地の部分についても小規模宅地等の特例を適用することが可能となります。

Q19　被相続人と同居していた相続人が相続により取得した家屋に住むことなく死亡した場合

被相続人である母と長女とが交通事故に遭い、母は即死（第１次相続）し、長女は入院したままの状態で、６日後に死亡しました。母の相続人は、長女及び長男の２人であり、母は長女と同居し、長男は別世帯で持家があります。

この場合、長女は母の死亡後、母から相続した家屋（本件家屋）には居住していませんが、本件家屋に係る宅地（本件宅地）について小規模宅地等の特例を受けることができますか。

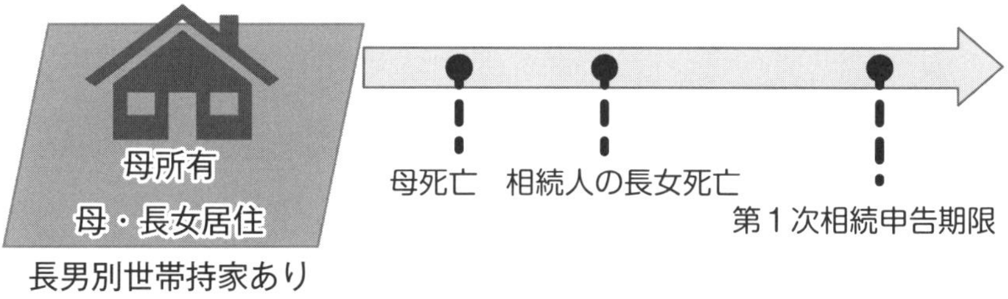

Answer

本件宅地については、小規模宅地等の特例の適用が受けられます。

解　説

被相続人と同居していた被相続人の親族が被相続人の所有していた居住用宅地等を相続した場合に、小規模宅地等の特例の適用を受けるには、被相続人が居住の用に供されていた建物に係る宅地等を相続開始時から相続税の申告期限（その親族が申告期限までに死亡した場合には、死亡の日）まで引き続き所有し、かつ、その建物を居住の用に供していることが要件とされています（措法69の４③二イ）。（☞Ｑ６参照）

また、被相続人が入院により空き家となった場合について、「病院の機能等を踏まえれば、被相続人がそれまで居住していた建物で起居しないのは一時的なものと認められますから、その建物が入院後他の用途に供されたような特段の事情のない限り、被相続人の生活の拠点はなおその建物に置かれていると解するのが実情に合致するものと考えられます。

したがって、その建物の敷地は、空家となっていた期間の長短を問わず、相続開始直前において被相続人の居住の用に供されていた宅地等に該当します。」との取扱いが示されています（国税庁質疑応答事例「入院により空家となっていた建物の敷地についての小規模宅地等の特例」）。

この質疑応答事例は被相続人に係るものですが、被相続人と同居していた被相続人の親族の場合も同様に考えてよいものと解せられます。

これらのことから、本件のように、母（被相続人）と同居していた長女が母から相続した本件家屋について、入院により居住できないまま死亡した場合であっても、本件家屋に係る宅地については小規模宅地等の特例を適用することができます。

Q20 被相続人の家屋に同居していた子が賃貸住宅に転居後、相続が開始した場合

被相続人である母と同居していた子が賃貸マンションに転居後２年経過してから相続が開始した場合、母が居住していた家屋（本件家屋）に係る宅地を相続した子は、「相続開始前３年以内に、その者の親族等が有する国内にある家屋に居住したことがないこと」に該当し、本件家屋に係る宅地（本件宅地）について小規模宅地等の特例は適用できないのでしょうか。

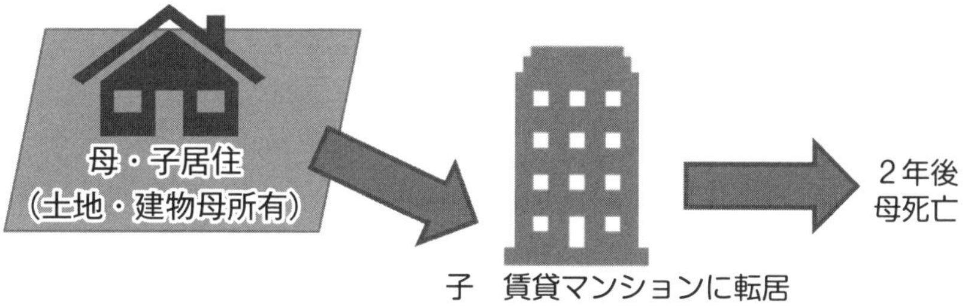

Answer

本件宅地については、小規模宅地等の特例を適用できます。

解　説

「家なき子」である被相続人の親族（被相続人の配偶者を除きます。）が、被相続人の居住の用に供されていた宅地等について小規模宅地等の特例の適用を受けるためには、被相続人の配偶者又は相続開始の直前において被相続人の居住の用に供されていた家屋に居住していた被相続人の相続人がいない場合において、その被相続人の親族が「相続開始前３年以内に日本国内にある自己、自己の配偶者、自己の三親等内の親族又は自己と特別の関係がある法人が所有する家屋に居住したことがないこ

と」などの要件を満たす必要があります。

なお、この「所有する家屋」からは、「相続開始直前に当該被相続人の居住の用に供されていた家屋」が除かれています(措法69の4③二ロ、措令40の2⑭⑮、措規23の2④)。(☞Q6参照)

よって、本件のように、子が相続開始前3年以内に居住していた本件家屋が母（被相続人）の居住の用に供されていたものである場合には、上記の要件を満たすことから、本件家屋に係る宅地について小規模宅地等の特例を適用することができます。

Q21 二世帯住宅の場合

父の所有する宅地（本件宅地）に、二世帯戸建住宅を建てました。子の住宅ローン借入のため、建物には区分所有登記を設定し、１階部分は父が所有し父母が居住、２階部分は子が所有し子世帯が居住しています。なお、父母世帯と子世帯との生計は一です。

父が死亡したため、本件宅地は子が相続しました。

この場合、本件宅地について、小規模宅地等の特例を適用できますか。

※　１階部分と２階部分との面積は同じです。

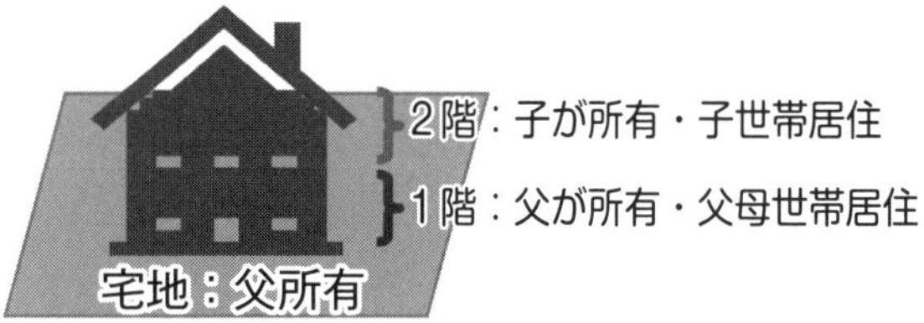

Answer

本件宅地のうち 1/2 の部分（2 階部分の敷地に対応する部分）についてのみ小規模宅地等の特例が適用できます。

解　説

小規模宅地等の特例の対象となる被相続人等の居住の用に供されていた宅地等とは、①被相続人の居住の用に供されていた宅地等及び②被相続人と生計を一（☞Ｑ２参照）にしていた被相続人の親族の居住の用に供されていた宅地等とされています（措法 69 の 4 ①）。（☞Ｑ３参照）

「①被相続人の居住の用に供されていた宅地等」の場合、被相続人の親族が相続開始の直前においてその宅地等の上に存する被相続人の居住の用に供されていた１棟の建物に居住していた者であって、相続開始時から相続税の申告期限まで引き続きその宅地等を有し、かつ、その建物に居住していることが要件とされています（措法69の４③二イ）。

この「被相続人の親族」とは、被相続人の居住の用に供されていた１棟の建物が、区分所有建物である旨の登記がされている建物である場合には、被相続人が居住の用に供されていた部分に居住していた者をいいます（措令40の２⑬）。

したがって、被相続人の親族が被相続人の居住用に供されていた宅地等の上に存する区分所有登記されている建物（二世帯住宅）の２階部分に居住し、当該被相続人が１階部分に居住していた場合には、当該親族は被相続人の同居親族には当たらず、その１階部分の敷地については特定居住用宅地等に該当しないこととなります。

なお、当該親族が被相続人と生計を一にする被相続人の親族に当たる場合には、上記「②被相続人と生計を一にする親族の居住の用に供されていた宅地等」として、２階部分の敷地について、小規模宅地等の特例を適用できることとなります。（☞Ｑ６参照）

本件の場合、子は区分所有登記されている建物（二世帯住宅）の２階部分に居住し、被相続人である父は１階部分に居住していたことから、子は被相続人の同居親族には当たらず、１階部分の敷地については特定居住用宅地等に該当しないこととなります。

ただし、子は被相続人と生計を一にしていましたので、被相続人と生計を一にする親族の居住の用に供されていた宅地等として、２階部分の敷地（本件宅地の1/2の部分）について、小規模宅地等の特例を適用できることとなります。

対応策

二世帯住宅が区分所有登記されていない場合には、本件宅地に係る父の共有持分（1/2）の全てについて、小規模宅地等の特例を適用することができることとなります。

ただし、何ら構造上変更がないにもかかわらず、小規模宅地等の特例の適用を受けるための目的で相続開始前に区分所有建物から区分所有でない建物に変更登記したとしても、１棟の建物に構造上区分された部分で独立して住居等の用途に供することができるものであることは明らかであることから、この特例の適用がないことはいうまでもありません。

Q22 相続開始前３年以内に三親等以内の親族の家に居住していた場合

大学時代、叔父が所有している家屋に居住し、就職を機に賃貸住宅に転居しました。２年後に父が死亡し、父の家屋及びその敷地（本件宅地）を子が相続しました。

この場合、子は「相続開始３年以内に、その者の三親等内の親族が有する国内にある家屋に居住したことがないこと」に該当し、小規模宅地等の特例は適用できないのでしょうか。

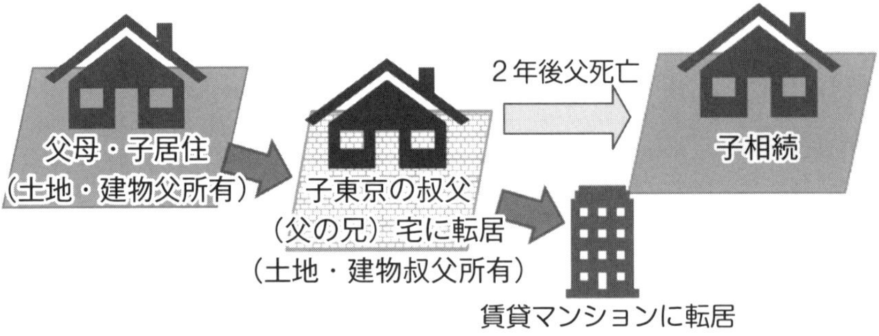

Answer

本件宅地については、小規模宅地等の特例は適用できません。

解　説

「家なき子」である被相続人の親族（被相続人の配偶者を除きます。）が、被相続人の居住の用に供されていた宅地等について小規模宅地等の特例の適用を受けるためには、被相続人の配偶者又は相続開始の直前において被相続人の居住の用に供されていた家屋に居住していた被相続人の相続人がいない場合において、その被相続人の親族が「相続開始前３年以内に日本国内にある自己、自己の配偶者、自己の三親等内の親族又は自己と特別の関係がある法人が所有する家屋に居住したことがないこと」などの要件を満たす必要があります（措法69の4③二ロ、措令40の2⑭⑮、措規23の2④）。（☞Ｑ６参照）

本件では、２年前まで子が居住していた家の所有者である叔父は、その子の三親等の親族に当たることから、上記の要件を満たさないので、本件宅地については小規模宅地等の特例は適用できないことになります。

対応策

本件において、配偶者である母が本件宅地を相続すれば、小規模宅地等の特例を適用することができます。（☞Ｑ６参照）

Q23 父母共に老人ホームに入居していた場合①

父が所有する家屋及びその敷地（本件宅地）には、父母が居住していました。父母は要介護の状態で相次いで老人ホームに入居し、その後、父が死亡（第１次相続）し、数か月後に母が死亡（第２次相続）しました。

賃貸住宅に居住していた子が、第１次相続において、本件宅地を取得した場合、小規模宅地等の特例を適用できますか。

Answer

本件宅地については、小規模宅地の特例を適用できません。

解　説

いわゆる「家なき子」は、被相続人の居住の用に供されていた宅地等を相続した場合において、その宅地等につき小規模宅地等の特例の適用を受けるための要件の一つとして、被相続人の配偶者又は相続開始の直前においてその家屋に居住していた被相続人の相続人（被相続人の配偶者を除く。）がいないことが必要とされています（措法69の4③二ロ、措令40の2⑭⑮、措規23の2④、措通69の4－21）。（☞Ｑ６参照）

本件においては、第１次相続時に、その配偶者である母は健在で、「家なき子」の適用要件である「被相続人に配偶者がいないこと」には該当しないことから、子が取得した本件宅地については小規模宅地等の特例は適用できないことになります。

対応策

本件宅地について第１次相続により母が取得することとし、次いで第２次相続により子が取得することとした場合、一定の要件を満たす限り、いずれの相続においても小規模宅地等の特例を適用することができます。（☞Q 24 参照）

Q24 父母共に老人ホームに入居していた場合②

父が所有する家屋及びその敷地（本件宅地）には、父母が居住していました。父母は要介護の状態で相次いで老人ホームに入居し、その後、父が死亡（第１次相続）し、数か月後に母が死亡（第２次相続）しました。

相続税負担額の軽減を図るため、本件宅地について第１次相続により母が取得し、次いで、第２次相続により賃貸住宅に居住していた子が取得した場合、子は小規模宅地等の特例の適用が受けられますか。

Answer

本件宅地については、小規模宅地等の特例を適用できます。

解　説

相続開始の直前において被相続人の居住の用に供されていなかった宅地等であっても、老人ホームなどに入居することにより居住の用に供されなくなる直前に被相続人の居住の用に供されていた宅地等については、小規模宅地等の特例の対象とされています（措法69の４①、措令40の２②③）。（☞Ｑ５参照）

なお、被相続人が老人ホームに入居する直前において被相続人がその居住の用に供されていた宅地等につき小規模宅地等の特例の適用を受けるための要件として、その入居する直前においてその宅地等を所有していたか否かは必要とされていません。

したがって、相続開始の時において被相続人が老人ホームに入居する直前において居住の用に供していた宅地等の所有者であれば、その宅地等が小規模宅地等の特例の対象となる宅地等に当たることになります。

本件において、母は、第１次相続前に本件宅地の所有者ではなく、第１次相続により本件宅地を取得した後はこれを居住の用に供していませんが、老人ホーム入居直前においては本件宅地は同人の居住の用に供されていたことから、本件宅地について小規模宅地等の特例を適用することができます。

(参考) 東京国税局文書回答事例「老人ホームに入居中に自宅を相続した場合の小規模宅地等についての相続税の課税価格の計算の特例（租税特別措置法第 69 条の４）の適用について」参照

Q25 子が障がい者福祉施設に入居した場合①

被相続人である母と障がい者の子が同居していた家屋及びその敷地（本件宅地）を、その子が相続しました。子は母が死亡した後、直ちに障がい者福祉施設に入居しました。
子は本件宅地について小規模宅地等の特例を適用できますか。

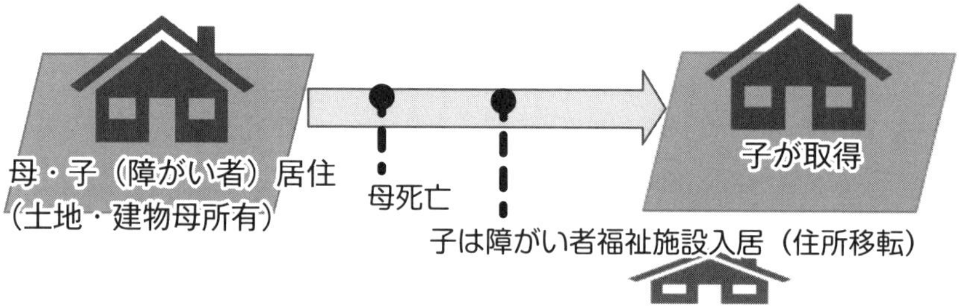

Answer

本件宅地について、小規模宅地等の特例の適用は難しいのではないかと考えます。

解　説

被相続人と同居していた被相続人の親族が被相続人の居住の用に供されていた宅地等を相続により取得した場合に、小規模宅地等の特例の適用を受けるには、当該宅地等を相続開始時から相続税の申告期限まで引き続き所有し、かつ、その建物に居住していることが要件とされています（措法69の4③二イ）。（☞Q６参照）

被相続人が要介護認定等を受けたことにより老人ホーム等に入居した場合、被相続人が居住の用に供されていた家屋に係る宅地等については、一定の要件を満たす限り小規模宅地等の特例の対象となりますが（☞Q

５参照)、被相続人からその宅地等を相続した相続人が相続税の申告期限までに施設に入居した場合の救済規定は設けられておりません。

したがって、本件において、子は相続開始時から相続税の申告期限まで引き続き本件宅地を有しているものの、その申告期限までその建物に居住していないことから、小規模宅地等の特例を適用することは難しいのではないかと考えます。

対応策

子が相続開始前に施設に入居していた場合には、「家なき子」として小規模宅地等の特例を適用することができます。(☞Q 26 参照)

Q26 子が障がい者福祉施設に入居した場合②

被相続人である母と障がい者の子が同居していたが、母が入院することになったため、子は障がい者福祉施設に入所し、その後、母が亡くなりました。

子が母と同居していた家屋とその敷地（本件宅地）を相続した場合、小規模宅地等の特例を適用できますか。

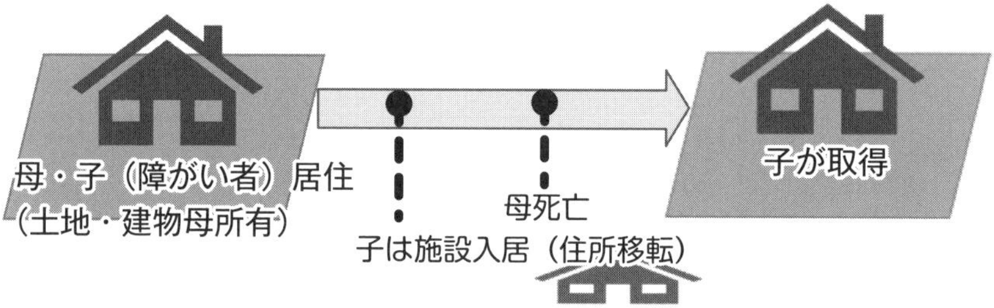

Answer

本件宅地については、小規模宅地等の特例は適用できます。

解　説

「家なき子」である被相続人の親族が、被相続人の居住の用に供されていた宅地等について小規模宅地等の特例の適用を受けるためには、被相続人の配偶者又は相続開始の直前において被相続人の居住の用に供されていた家屋に居住していた被相続人の相続人がいない場合において、その被相続人の親族が「相続開始前３年以内に日本国内にある自己、自己の配偶者、自己の三親等内の親族又は自己と特別の関係がある法人が所有する家屋に居住したことがないこと」などの要件を満たす必要があります。

なお、この「所有する家屋」からは、「相続開始直前に当該被相続人の居住の用に供されていた家屋」は除かれています(措法69の4③二ロ、措令40の2⑭⑮、措規23の2④)。(☞Ｑ６参照)

したがって、本件のように、子が相続開始前３年以内に居住していた家屋が母の居住の用に供されていたものである場合には、上記の要件を満たすことから、本件宅地について、小規模宅地等の特例を適用することができます。

Q27 「家なき子」が相続税申告前に建物を取り壊した場合

相続人である子は被相続人と別世帯で賃貸住宅に居住していました。父の相続開始により子は父の居住の用に供されていた家屋とその敷地（本件宅地）を相続しましたが、相続税の申告期限後に更地にして譲渡する予定があったことから、その申告期限前にその家屋を取り壊しました。

この場合、「家なき子」による小規模宅地等の特例を適用することはできますか。

Answer

本件宅地について、小規模宅地等の特例が適用できます。

解　説

「家なき子」である被相続人の親族として小規模宅地等の特例を適用できる要件として、①被相続人の居住の用に供されていた宅地等を取得した一定の親族であること、②相続開始前３年以内にその親族等が所有する家屋に居住したことがないこと、③その親族が居住している家屋を相続開始前のいずれの時においても所有していたことがないこと及び④相続開始時から相続税の申告期限まで引き続き当該宅地等を有していることなどがあります（措法69の４③二ロ、措令40の２⑭⑮、措規23の２④）。(☞Q６参照)

しかし、同居親族や生計が一の親族が小規模宅地等の特例の適用を受ける場合の要件の一つである「相続開始時（前）から申告期限まで引き続き当該宅地等を有し、かつ、当該建物に居住していること」（措法69の4③二イ・ハ）は必要とされていません。

すなわち、「家なき子」として小規模宅地等の特例を適用する場合には、申告期限まで当該宅地等を有しておればよく、被相続人が居住していた建物に居住する必要はありません。

そうすると、被相続人の家屋を申告期限までに取り壊しても、小規模宅地等の特例の要件には抵触しないことになります。

本件においては、「相続税の申告期限後の譲渡に向け、家屋を取り壊し」ていますが、それによっても、小規模宅地等の特例を適用することは可能となります。

なお、配偶者が被相続人等の居住の用に供されていた宅地等を相続した場合に、相続税の申告期限前にその宅地等を譲渡した場合であっても、小規模宅地等の特例を適用することができます（措法69の4③二）。

Q28 居住用家屋の建築中に相続が開始した場合

被相続人である父の家屋を取り壊し、同居していた子が家屋を建築中に父が死亡した場合、その建築中の敷地（本件宅地）について小規模宅地等の特例は適用できますか。なお、父と同居していた子は、家屋の建築中は、近所の賃貸住宅に居住していました。

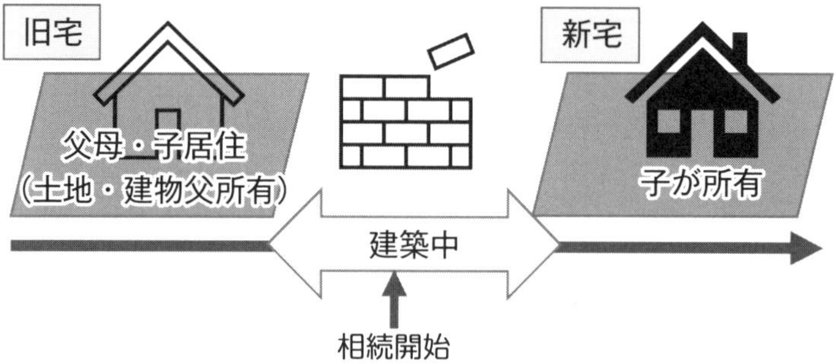

Answer

本件宅地については、小規模宅地等の特例は適用できます。

解　説

被相続人等の居住の用に供されると認められる建物（被相続人又は被相続人の親族の所有に係るものに限ります。）の建築中に被相続人について相続が開始した場合には、当該建物の敷地の用に供されていた宅地等については、特例対象宅地等として取り扱うこととされています（措通69の4－8、69の4－5）。

したがって、本件宅地のように、被相続人である父の家屋を取り壊し、同居していた子が家屋を建築中に父が死亡した場合の宅地についても、小規模宅地等の特例を適用することができます。

Q29 居住用家屋を建築するため更地の状態で相続が発生した場合

被相続人である父の家屋を取り壊し、新宅を建てる契約をしているものの、更地（本件宅地）の状態のときに父が死亡した場合、本件宅地について小規模宅地等の特例は適用できますか。

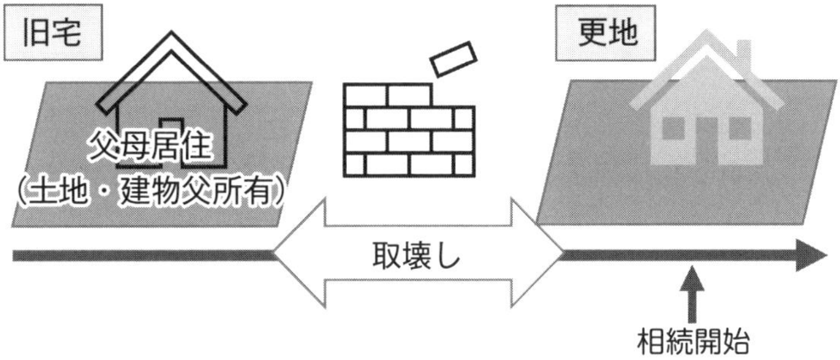

Answer

家屋の建替えのためであったとしても更地の状態で相続が開始した場合には、本件宅地について小規模宅地等の特例を適用することは困難と考えられます。

解　説

小規模宅地等の特例は、事業の用又は居住の用に供されていた宅地等で、建物等の敷地の用に供されているものがある場合に適用できる制度です。（☞Q１参照）

ただし、被相続人等の居住の用に供されると認められる建物（被相続人又は被相続人の親族の所有に係るものに限ります。）の建築中に被相続人について相続が開始した場合には、当該建物の敷地の用に供されていた宅地等については、特例対象宅地等として取り扱うこととされています（措通69の4－8、69の4－5）。

よって、建物が建築中でない場合には、この特例を適用することはできません。

なお、更地の状態が建築中に含まれるか否かについての取扱いは示されていませんが、建築業者と請負契約を締結した時点や旧建物を解体した時点は建築中とは認められません。実際に基礎工事に着手されているなど居住用建物の敷地として使用されることが外形的、客観的に明らかになっている状態のものが建築中に当たると解されています（東京高裁平成9年2月26日判決）。

本件のように、被相続人である父の家屋を取り壊し、更地の状態で相続が開始した場合には、本件宅地について小規模宅地等の特例を適用することは、困難と考えられます。これは、相続開始前に建築業者と家屋の建築の請負契約を締結していたとしても、同様と考えられます。

Q30 老人ホーム入居後、同居親族が居住用家屋を建て替え、相続が開始した場合

被相続人である母は、老人ホームに入居していました。老人ホーム入居前まで、母と生計を一にしていた子は、母の老人ホーム入居後、自ら居住しやすいようにその家屋を取り壊し、母所有の宅地に新宅を建築しました（老人ホーム入居後は生計別）。その後、母が死亡した場合、その新宅の敷地（本件宅地）について小規模宅地等の特例は適用できますか。

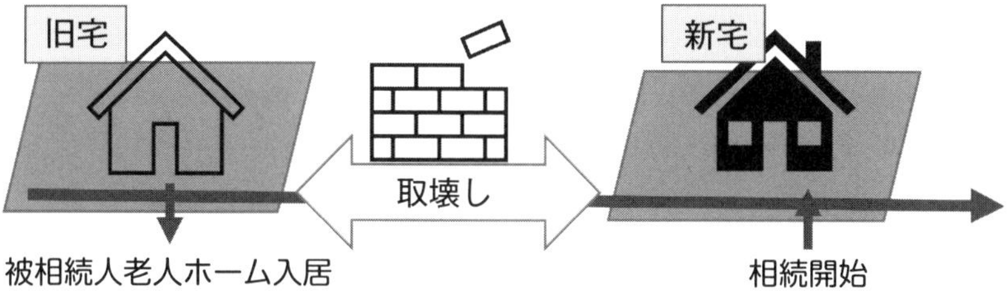

Answer

老人ホーム入居後、同居していた子が家屋を建て替え、相続が開始した場合には、本件宅地について小規模宅地等の特例を適用することは困難と考えます。

解　説

小規模宅地等の特例の対象となる被相続人の居住の用に供されていた宅地等には、要介護認定等を受けていた被相続人が老人ホーム等に入居したことにより、その入居直前において被相続人の居住の用に供されなくなった家屋の敷地の用に供されていた宅地等も含まれます。

なお、相続開始の直前まで、その宅地等が事業の用又は被相続人等（被相続人が老人ホーム等に入居する直前において生計を一にし、かつ、その家屋に引き続き居住している当該被相続人の親族を含みます。）以外の居住の用に供されていた宅地等はその対象から除かれています（措法69の4①、措令40の2②③）。（☞Q5参照）

したがって、本件のように、被相続人である母が老人ホームに入居する直前において生計を一にしていた子が、自ら居住しやすいようにその家屋を取り壊し、新宅の建築した後に母が死亡した場合には、その家屋に引き続き居住していたとは認められず、また、母が老人ホーム後は生計が別であったことから、本件宅地について小規模宅地等の特例を適用することは困難と考えられます。

Q31 老人ホーム入居後、居住用家屋を建築中に相続が開始した場合

被相続人である母は、老人ホームに入居していました。母を老人ホームに入居させた理由は、母と同居していた子が、母の介護をしやすいように家屋の建替えを行うためでしたが、その家屋の建築中に母が死亡した場合、その建築中の敷地（本件宅地）について小規模宅地等の特例は適用できますか。

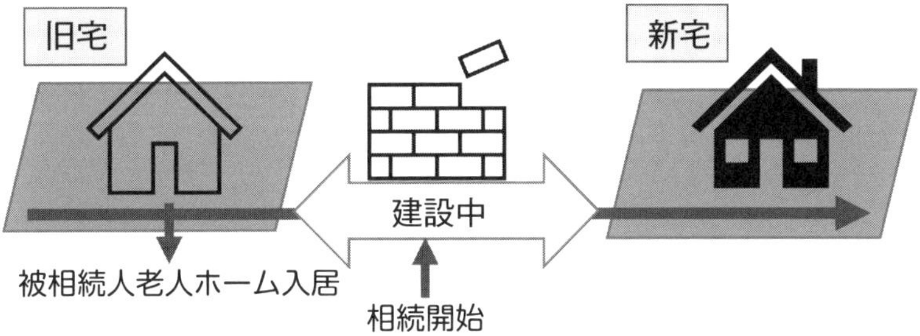

Answer

老人ホーム入居後、同居する子が家屋を建て替えるために取り壊し、同居を目的として新宅を建設中に相続が開始した場合には、本件宅地について小規模宅地等の特例の適用が認められるのではないかと考えます。

解　説

小規模宅地等の特例の対象となる被相続人の居住の用に供されていた宅地等には、要介護認定等を受けていた被相続人が老人ホーム等に入居したことにより、その入居直前において被相続人の居住の用に供されなくなった家屋の敷地の用に供されていた宅地等も含まれます。

なお、相続開始の直前まで、その宅地等が事業の用又は被相続人等（被相続人が老人ホーム等に入居する直前において生計を一にし、かつ、その家屋に引き続き居住している当該被相続人の親族を含みます。）以外の居住の用に供されていた宅地等はその対象から除かれています（措法69の4①、措令40の2②③）。（☞Q５参照）

また、被相続人等の居住の用に供されると認められる建物（被相続人又は被相続人の親族の所有に係るものに限ります。）の建築中に被相続人について相続が開始した場合には、当該建物の敷地の用に供されていた宅地等については、特例対象宅地等として取り扱うこととされています（措通69の4－8、69の4－5）。（☞Q 28参照）

したがって、本件のように、被相続人である母が老人ホーム入居中にその家屋を取り壊し、同居していた子が同居を目的として新宅の建築中に母が死亡した場合であっても、上記の取扱いに当てはまるときには、本件宅地について小規模宅地等の特例は適用できるのではないかと考えます。

Q32 老人ホーム入居後、別生計の親族が被相続人宅に居を移した場合

被相続人である父が老人ホーム入居中に、別生計であった子が、被相続人との同居を目的として父が老人ホームに入居する直前まで居住していた家屋に住み始めた場合、その家屋に係る父所有の宅地（本件宅地）について小規模宅地等の特例は適用できますか。

Answer

本件宅地については、小規模宅地等の特例は適用できません。

解　説

小規模宅地等の特例の対象となる被相続人の居住の用に供されていた宅地等には、要介護認定等を受けていた被相続人が老人ホーム等に入居したことにより、その入居直前において被相続人の居住の用に供されなくなった家屋の敷地の用に供されていた宅地等も含まれます。

なお、相続開始の直前まで、その宅地等が事業の用又は被相続人等（被相続人が老人ホーム等に入居する直前において生計を一にし、かつ、その家屋に引き続き居住している当該被相続人の親族を含みます。）以外の居住の用に供されていた宅地等はその対象から除かれています（措法69の4①、措令40の2②③）。（☞Ｑ５参照）

したがって、本件のように、父の相続開始の時までに、別生計の子が、父が老人ホーム入居直前まで居住していた家屋に住んだ場合には、本件宅地について小規模宅地等の特例を適用することはできません。

Q33 老人ホーム入居後、同居していた親族が賃貸住宅に引越し、その後、再び被相続人宅に居を移した場合

被相続人である父と子が同居していましたが、父が老人ホームに入居した後、子は転勤のため賃貸住宅に引越しました。その後、再度の転勤により子は空き家となった父の家屋に戻り居住を開始した後に父の相続が開始しました。子は父と別生計ですが、その家屋に係る宅地（本件宅地）について小規模宅地等の特例は適用できますか。

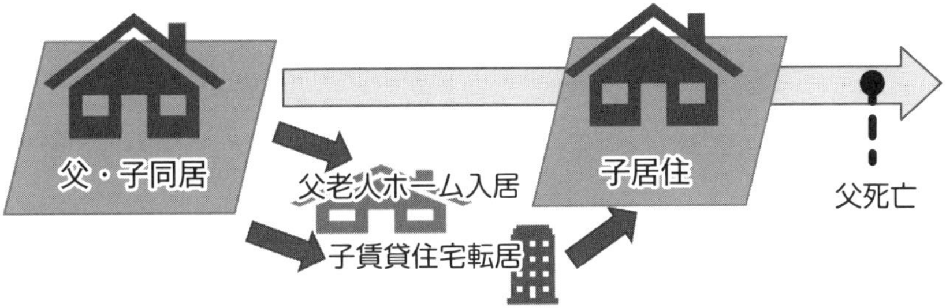

Answer

本件宅地については、小規模宅地等の特例は適用できません。

解　説

小規模宅地等の特例の対象となる被相続人の居住の用に供されていた宅地等には、要介護認定等を受けていた被相続人が老人ホーム等に入居したことにより、その入居直前において被相続人の居住の用に供されなくなった家屋の敷地の用に供されていた宅地等も含まれます。

なお、相続開始の直前まで、その宅地等が事業の用又は被相続人等（被相続人が老人ホーム等に入居する直前において生計を一にし、かつ、その家屋に引き続き居住している当該被相続人の親族を含みます。）以外の居住の用に供されていた宅地等はその対象から除かれています（措法

69の4①、措令40の2②③)。(☞Q5参照)

したがって、本件のように、老人ホーム入居後に同居していた子が他のところに一旦は引越し、その後、子は空き家となった家屋に戻り居住を開始した場合、本件宅地は相続開始の時まで別生計の子の居住の用に供されたことになることから、本件宅地について小規模宅地等の特例を適用することはできません。

Q34 民泊用の部屋がある場合

被相続人である父が事業の用に供していたマンション（本件建物）を相続しました。

本件建物は父が亡くなる７年前に取得したもので、当時から全 15 戸のうち、10 戸は賃貸用で、残り５戸は民泊用です。民泊は旅館業法の営業許可を得て、利益も出ており、所得税は事業所得として申告しています。

民泊用の部屋に係る宅地の部分は、「特定事業用宅地等」として、小規模宅地等の特例を適用してよろしいでしょうか。

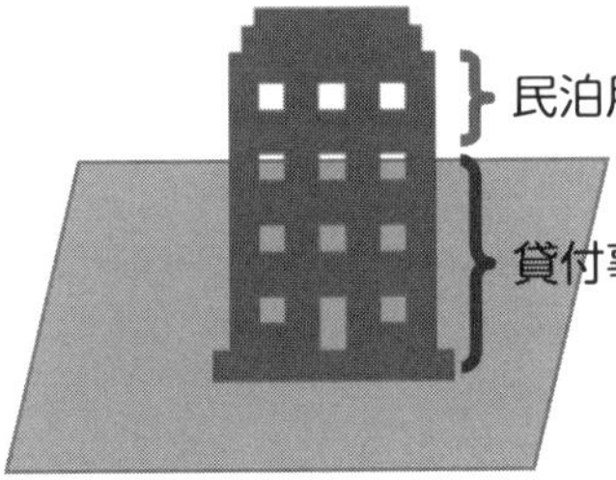

Answer

民泊用の５戸に係る宅地の部分は、特定事業用宅地等として小規模宅地等の特例を適用できます。

解　説

小規模宅地等の特例の「特定事業用宅地等」に該当すれば 80%、「貸付事業用宅地等」に該当すれば 50% までそれぞれ減額可能とされています。

「貸付事業用宅地等」とは、被相続人等の貸付事業（不動産貸付業、駐車場業、自転車駐車場業及び準事業の用に供されていた一定の宅地等とされています（措法69の4③四、措令40の2⑦⑲）。(☞Q9参照)

また、「特定事業用宅地等」とは、被相続人等の事業（不動産貸付業、駐車場業、自転車駐車場業及び準事業を除きます。）の用に供されていた一定の宅地等とされています（措法69の4③一、措令40の2⑦⑧）。(☞Q7参照)

したがって、民泊業が租税特別措置法69条の4第3項1号に規定する「被相続人等の事業」から除かれている「不動産貸付業その他政令で定めるもの」に当たるのかどうかについて判断することになります。

この場合、小規模宅地等の特例に係る規定や取扱いでは、その区分について示されていません。

なお、所得税法では、民泊に係る所得区分について、①自己が居住する住宅を利用して住宅宿泊事業法に規定する民泊であれば雑所得、②不動産賃貸業を営んでいる者が契約満了後の一時的な民泊であれば不動産所得、③事業として明らかな場合は事業所得とされているところです(平30. 6.13国税庁情報)。

本件における民泊業は、旅館業法の営業許可を得て、7年前から継続して営んでおり、また、上記所得税法の取扱いを参考とし、事業所得として所得税の申告をしていることから、小規模宅地等の特例の適用にあたっても、租税特別措置法69条の4第3項1号に規定する「被相続人等の事業」に当たるものと考えられます。

したがって、民泊用の5戸に係る宅地の部分は「特定事業用宅地等」として小規模宅地等の特例を適用することが相当と考えます。

Q35 空室がある場合の賃貸マンション（貸付事業用宅地）

被相続人である父が10年前から引き続き賃貸しているマンション（本件建物）を相続しました。

相続開始時において、本件建物の全20戸のうち４戸が空室（本件空室住戸）でした。空室の期間は４か月から６か月で、その間、賃借人を募集していました。

本件空室住戸に係る宅地の部分についても、小規模宅地等の特例を適用できますか。

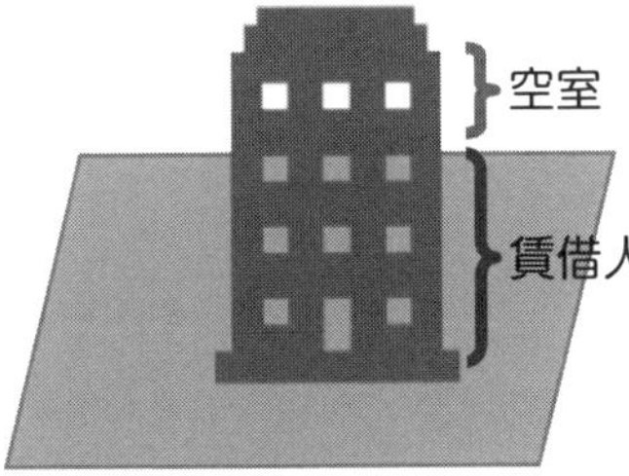

Answer

本件空室住戸に係る宅地の部分は貸付事業用宅地等に当たりませんので、小規模宅地等の特例は適用できません。

解　説

小規模宅地等の特例の対象となる「貸付事業用宅地等」とは被相続人等の貸付事業の用に供されていた一定の宅地等をいい、この「貸付事業」とは、不動産貸付業、駐車場業、自転車駐車場業及び準事業（☞Ｑ１参照）をいいます（措法69の４③四、措令40の２⑦⑲、措通69の４－24の３）。（☞Ｑ９参照）

なお、「貸付事業の用に供されていた宅地等」には、「一時的に賃貸されていなかったと認められる部分が含まれる」とされているものの、「一時的に賃貸されていなかった」期間については、具体的に示されていません（措通69の4－24の2）。

一方、貸家建付地及び貸家の評価において、借家権割合に賃貸割合を乗じて算出するところ、この賃貸割合の分子である「賃貸されていた各独立部分」には、「一時的に賃貸されていなかったと認められるものを含む」とされています（評基通26、93）。

この「**一時的に賃貸されていなかったと認められる**」空室の期間について、国税庁タックスアンサーでは、課税時期の前後の例えば１か月程度であるなど、一時的な期間などの事実関係から一時的に空室となっていたにすぎないと認められるものは課税時期においても賃貸されていたものとして差し支えないとされています（国税庁タックスアンサーNo.4614 貸家建付地の評価）。

同一物件における「一時的に賃貸されていなかったと認められる部分（もの）」は、小規模宅地等の特例の適用と、貸家建付地及び貸家の評価とでは、同様に取り扱うものと考えられます。

そして、この「１か月程度」については、１か月を超えると要件を満たさないとはされていませんが、H28.10.26 大阪地裁（TAINS Z888－2093）では、「５か月以上も賃貸されていない（中略）本件各空室部分は、本件相続税の課税時期に賃貸されていたと同視することはでき（ない）」と判示され、控訴審のH29. 5.11 大阪高裁（TAINS Z888-2116）でも維持されています。このことから、空室となっていた期間が少なくとも２か月を超えていれば、いずれの規定も適用するのは難しいと考えるべきです。

本件では、相続開始時において20戸のうち４戸は募集中であり、その空室の期間が４月を超えていることから、本件空室住戸に係る宅地の部分については、貸付事業用宅地等として小規模宅地等の特例は適用できないと考えます。

なお、本件空室住戸に係る土地建物の評価においても、自用のものとして評価します。

Q36 空スペースがある駐車場（貸付事業用宅地）

被相続人である父から、アスファルト舗装をした月極駐車場（本件駐車場）を相続しました。

本件駐車場は、全 20 台分賃貸可能ですが、相続開始時においては４台分空いていました（本件空き部分）。

本件空き部分に係る宅地については、賃貸マンションの場合（☞Q35 参照）と同様、小規模宅地等の特例は適用できないのでしょうか。

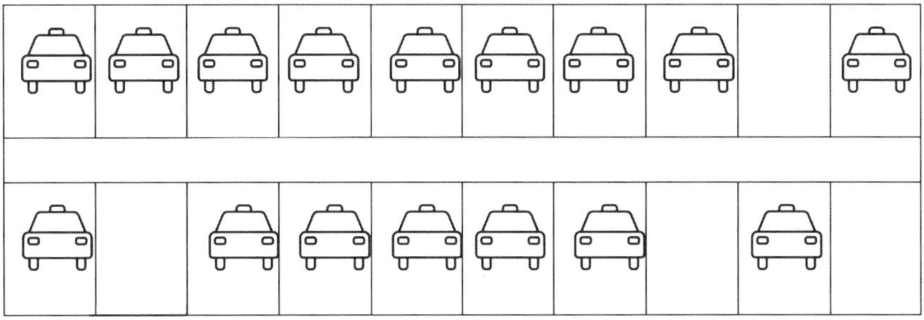

Answer

本件空き部分に係る宅地についても、貸付事業用宅地等として、小規模宅地等の特例は適用できます。

解　説

小規模宅地等の特例の対象となる「貸付事業用宅地等」とは被相続人等の貸付事業の用に供されていた一定の宅地等をいい、この「貸付事業」とは、不動産貸付業、駐車場業、自転車駐車場業及び準事業（☞Ｑ１参照）をいいます（措法 69 の４③四、措令 40 の２⑦⑲、措通 69 の４－24 の３）。（☞Ｑ９参照）

なお、小規模宅地等の特例の対象となる宅地等は、建物又は構築物の敷地の用に供されているものであることがその要件とされていることから（措法 69 の 4 ①)、アスファルト舗装や砂利が敷かれている駐車場はその対象となる貸付事業用宅地等に該当するものと考えられます。

また、小規模宅地等の特例の対象となる相続開始の直前において被相続人等の事業の用に供されていた宅地等に該当するかどうかは、その宅地等が貸家の敷地の用に供されていた場合、原則として相続開始の直前において現実にその貸家が貸し付けられていたかどうかによって判定するのが相当です。他方、被相続人等が駐車場業を営んでいた場合、その土地にアスファルト舗装をするなど一定の設備を施していますから、相続開始の直前において車の保管場所として貸し付けられていない部分があったとしてもその土地全体の利用状況によって判定するのが相当と考えます。

本件では、全 20 台分賃貸可能なうち相続開始時において 4 台分空いていたものの、建物等の不動産貸付業ではなく駐車場業であり、また、アスファルト舗装されているものであることから、本件空き部分に係る宅地についても、貸付事業用宅地等として小規模宅地等の特例を適用することができます。

Q37 土地区画整理事業中の借地権

被相続人は第三者が所有する宅地上に建物を有し（借地権）、貸家として家賃収入を得ていました。土地区画整理事業に伴い貸家は取り壊され、仮換地指定が行われ相続開始時点においては、従前地も仮換地も使用収益できない中断期間となっています（借地権は消滅していません。）。なお、仮換地の使用又は収益を開始することができる日の前日まで家賃減収補償金を受領しています。

相続財産には借地権（本件借地権）を計上する予定ですが、貸付事業用宅地等として小規模宅地等の特例を適用できるでしょうか。

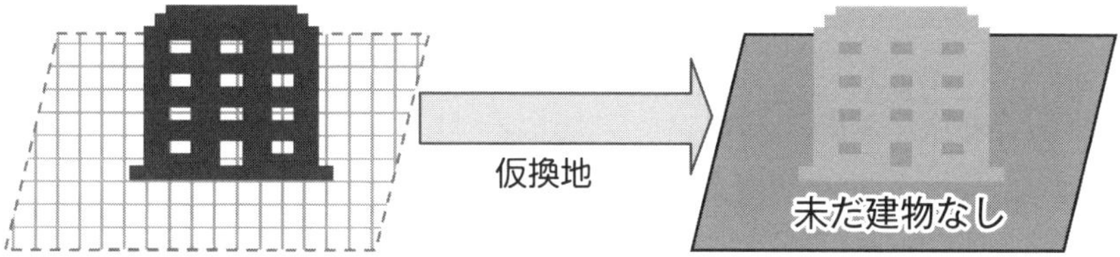

Answer

本件借地権については、貸付事業用宅地等として小規模宅地等の特例を適用できるものと考えられます。

解　説

個人が被相続人から相続又は遺贈により取得した被相続人等の居住用等（事業（準事業を含みます。）の用又は居住の用をいいます。）に供されていた宅地等で、公共事業の施行により従前地及び仮換地について使用収益が禁止されている場合において、相続の開始の時から相続税の申告書の提出期限までの間に被相続人等が仮換地を居住用等に供する予定がなかったと認めるに足りる特段の事情がなかった際には、特例対象宅地等として取り扱うこととされています（措通69の4－3）。

本件は、①従前地及び仮換地の使用収益が共に禁止されており、また、②仮換地を貸付事業用宅地等に供する予定がなかったと認めるに足りる特段の事情は存在しないことから、上記取扱いにより、本件借地権については貸付事業用宅地等として小規模宅地等の特例は適用することができるものと考えます。

Q38 代償分割と小規模宅地等の特例との組合せによる節税

被相続人である母が所有していた遺産を、母と同居していた長男と別世帯の長女で平等に分けたいと思っています。

代償分割と小規模宅地の特例を組み合わせれば、相続税負担額を軽くできると聞きました。具体例でもって教えてください。

Answer

相続人のうち、小規模宅地等の特例の適用が可能な者がいる場合には、代償分割を組み合わせることにより、相続税負担額を軽くできる場合があります。

解　説

具体例でもって説明します。

［相続人］

子２人（長男・長女）

［相続財産（評価額）］

・居住用土地　　１0,000 万円（時価 12,000 万円）

※長男が居住用土地を取得する場合、その土地全体について特定居住用宅地等として小規模宅地等の特例の適用あり。

・建　　物　　2,000 万円

・預貯金　　2,000 万円

・債　　務　　0

《パターン１：長男・長女で財産を平等に分割するとした場合》

	財産明細	評価額	長男	長女
1	土地	10,000 万円 （時価 12,000 万円）	5,000 万円	5,000 万円
	小規模宅地等の特例	－	▲4,000 万円	－
2	建物	2,000 万円	1,000 万円	1,000 万円
3	預貯金	2,000 万円	1,000 万円	1,000 万円
	課税価格	－	3,000 万円	7,000 万円
	相続税	（合計額）770 万円	231 万円	439 万円

《パターン２：土地建物は長男が取得し長女に代償金７，０００万円を支払い、平等に財産を分割するとした場合》

	財産明細	評価額	長男	長女
1	土地	10,000 万円 （時価 12,000 万円）	10,000 万円	－
	小規模宅地等の特例	－	▲8,000 万円	－
2	建物	2,000 万円	2,000 万円	－
3	預貯金	2,000 万円	1,000 万円	1,000 万円
	代償金の価額（※）		▲6,000 万円	6,000 万円
	課税価格	－	0（マイナスの場合は 0）	7,000 万円
	相続税	（合計額）320 万円	0	320 万円

※　長男は、代償金として 7,000 万円を支払っているが、代償財産の価額は相基通 11 の２−10 の定めに準じて計算した次の金額となる。

6,000 万円 =7,000 万円（（土地 12,000 万円＋建物 2,000 万円）÷２）

$$\times \frac{(\text{評価額ベース：土地 10,000 万円＋建物 2,000 万円})}{(\text{時価ベース：土地 12,000 万円＋建物 2,000 万円})}$$

いずれのパターンとも、母の遺産は平等に分割されていますが、代償金と小規模宅地等の特例を組み合わせたパターン２は、パターン１に比べてトータルで450万円（770万円－320万円）、相続税負担額が軽くなります。

ただし、各人が納付する相続税負担額を平等に調整した場合には、別途、長女に贈与税の課税問題が生じます。

※　代償分割を組み合わせる場合には、小規模宅地等の特例の要件や代償分割の手続などに注意する必要がありますので、税理士や弁護士などの専門家への相談をお勧めします。

Q39 期限後申告の場合

父の相続において、申告期限内に相続税の申告をしていませんでした。

小規模宅地等の特例の適用を受けるためには、相続税の申告が必要だと聞きましたが、これから申告しても大丈夫でしょうか。

Answer

相続により取得した特例対象宅地等についてこの特例の適用を受けるためには、原則として相続税の申告期限までに相続人等によって遺産分割されたものでなければなりませんが、申告期限から３年以内に分割された場合などには、その分割された日の翌日から４か月以内に更正の請求をすることによりこの特例の適用が受けられます（措法 69 の４④⑤)。**（☞Ｑ１参照）**

なお、期限後申告及び修正申告であっても、小規模宅地等の特例の適用を受けることができます（措法 69 の４⑦)。

この場合、相続税の申告期限までに申告書の提出ができず期限後申告となった場合、無申告加算税が賦課されることになります。

〈著者紹介〉

河合　厚（かわい・あつし）

税理士・税理士法人チェスター審査部部長（社員税理士）
国税庁出身で、国税庁個人課税課課長補佐（審理担当）、税務大学校専門教育部主任教授、大阪国税不服審判所審理部長、税務署長等を歴任し、令和２年７月退官。税理士法人チェスター審査部部長。主な著書に『相続税の申告 80 のギモン』（編著・幻冬舎・2021 年）、『使える！事業承継税制 令和元年改訂版』（編著・大蔵財務協会・2019 年）、『所得税の実務（平成 18 年版）』（編著・日本税経研究会・2006 年）、『所得税基本通達逐条解説（平成 19 年版）』（編著・大蔵財務協会・2007 年）、他多数。

香取　稔（かとり・みのる）

税理士
国税庁出身で、課税部資産課税課課長補佐等を務め、東京国税局課税第一部資料調査第二課長、国税不服審判所本部総括国税審判官、高松国税不服審判所所長等を歴任し、令和２年３月退官。国税庁において長年、相続税・贈与税の法令解釈等に関する業務を経てきたエキスパート。主な著書に『図解財産評価（平成 27 年版）』（編著・大蔵財務協会・2015 年）、『相続税法基本通達逐条解説（改訂新版）』（編著・大蔵財務協会・2006 年）、『相続税・贈与税関係　租税特別措置法通達逐条解説（平成 18 年版）』（編著・大蔵財務協会・2006 年）、他多数。

適用判定がすぐわかる！
小規模宅地特例 ～精選30実例から学ぶ生前対策～

令和３年７月20日　第１刷発行

著　者　河合　厚／香取　稔

発　行　株式会社ぎょうせい

〒136-8575　東京都江東区新木場1-18-11
URL：https://gyosei.jp

フリーコール　0120-953-431
ぎょうせい　お問い合わせ　検索　https://gyosei.jp/inquiry/

〈検印省略〉

印刷　ぎょうせいデジタル㈱

ISBN978-4-324-11018-8
（5108729-00-000）
〔略号：判定小宅地特例〕